W0311133

Das Auer Sprachbuch 3

Schulbuch für das 3. Schuljahr

Erarbeitet von
Ruth Dolenc-Petz
Birgit Illmann
Edeltraud Röbe
Heinrich Röbe

Ernst Klett Verlag
Stuttgart · Leipzig

Inhalt

Verschieden sein – gemeinsam lernen

Wir von der dritten Klasse

1 Male ein Bild von dir. Du kannst auch ein Foto mitbringen.
Achte darauf, was bei dir „besonders“ ist: deine Haarfarbe, deine Frisur, dein Lieblingspulli, ...?

2 Suche Ich-Wörter aus, die gut zu dir passen.

● Verben	erfinden, lachen, tanzen, rechnen, lesen, schreiben, erzählen, trösten, ...
▲ Nomen	Freunde, Schule, Geschichten, Bücher, Schlagzeug, Tiere, Fernrohr, ...
▲ Adjektive	leise, laut, temperamentvoll, höflich, hilfsbereit, sportlich, brav, witzig, ...

Schreibe sie auf Karten und klebe sie zu deinem Bild.
Du findest sicher noch mehr Wörter.

Vergleicht eure Bilder und Wörter.
Welche Wörter sind besonders wichtig, wenn ...

- ... ihr miteinander lernt?
- ... ihr ein Sportfest feiert?
- ... ihr einen Wandertag vorbereitet?
- ... jemand traurig ist?
- ... jemand Hilfe bei den Hausaufgaben braucht?

Wir stellen uns vor

1 Suche dir einen Mitschüler oder eine Mitschülerin aus.
Stelle folgende Fragen. Notiere die Antworten.

a) Wo bist du geboren? Woher kommt deine Familie?

b) Welche Hobbys hast du?

c) Welche Musik hörst du gern?

d) Welche Sprachen sprichst du?

e) Wenn du Königin oder König wärst, was würdest du ändern?

f) Welches ist dein Traumland?

g) Worüber ärgerst du dich am meisten?

h) Worüber freust du dich am meisten?

2 Wenn du jemanden vorstellst, solltest du wichtige Regeln beachten.
Schreibe so: Regeln für den Sprecher:
- laut und deutlich sprechen

...

Regeln für den Zuhörer:

...

- ▶ laut und deutlich sprechen
- ▶ sich melden, wenn man etwas sagen will
- ▶ sich melden, wenn man eine Frage hat
- ▶ den Sprecher anschauen
- ▶ sich vorbereiten
- ▶ die Zuhörer anschauen
- ▶ aufmerksam zuhören

3 Stelle deinen Partner oder deine Partnerin der Klasse vor.

Ich stelle euch Ismail Retuk vor.
Er ist in Ingolstadt geboren. Seine
Familie kommt aus der Türkei.
Er hört gerne Popmusik. ...

Jeder kann helfen, dass alle in der Klasse gut miteinander lernen können. Was ist besonders wichtig?

Nomen

Manche Dinge, Tiere oder Menschen sind dir besonders wichtig. Du spielst gerne mit ihnen, fühlst dich mit ihnen sehr wohl oder verbringst viel Zeit mit ihnen. Hier sind die Dinge, Tiere oder Menschen, die den Kindern der Klasse 3a besonders wichtig sind.

1 Schreibe auf, was du auf den Bildern siehst. Schreibe jedes Nomen mit Artikel. Denke daran: Nomen schreibt man groß. ↑

1. Beweis: ▲ Nomen sind Namen für Dinge und Lebewesen.

2. Beweis: ▲ Zu jedem Nomen passt ein Artikel.
der, die, das: bestimmter Artikel
ein, eine: unbestimmter Artikel

2 Setze die Nomen in die Mehrzahl.
Schreibe so: das Zelt – die Zelte, ...

3. Beweis: ▲ Fast alle Nomen können in der Mehrzahl stehen.

3 Suche die Nomen und schreibe sie mit allen drei Beweisen.

STIFT – KLEIN – MAPPE – LESEN – VATER – APFEL – COMPUTER

Welchen Beweis verwendest du am häufigsten?

Verben

Sprachstudio

1 Bilde Sätze. Achte bei den Verben auf die richtige Form.
Schreibe so: Er springt über den …

2 Bilde vier Sätze. Unterstreiche die Verben.

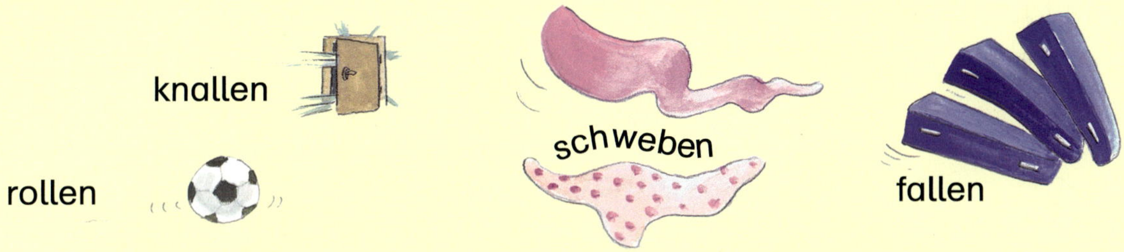

1. Beweis: Verben sagen, was Lebewesen tun.
Verben sagen, was Dinge „tun" – was geschieht.

3 Schreibe die Verben in allen Formen. Kennzeichne die Endbausteine.
Schreibe so: ich baue, du baust, …

ich	du	er, sie, es
wir	ihr	sie

bauen · schwingen · turnen · laufen

2. Beweis: Verben passen hinter **ich** und **wir**.

Kannst du Nomen und Verben sicher bestimmen?
Zeige das an zwei Nomen und zwei Verben.

Wünsche äußern und begründen (1)

Schreibstudio

Die Kinder der Klasse 3a denken sich Wünsche für die Schule, den Pausenhof und das Klassenzimmer aus. Zuerst lassen sie ihre Gedanken kreisen. Und schon kommen ihnen viele Ideen.

ein Pferd für den Pausenhof

ein Lesesofa

eine Rutschbahn

Alle Ideen werden in einem Cluster gesammelt.

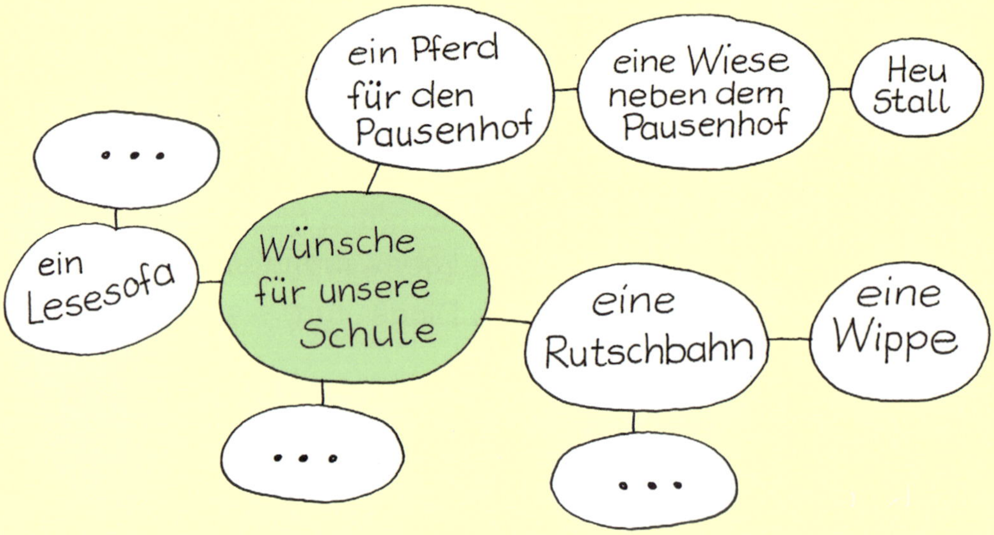

1 Welche Ideen habt ihr für eure Schule? Sammelt sie in einem Cluster.

Welches ist deine beste Idee? Wie bist du darauf gekommen?

Wünsche äußern und begründen (2)

1 Sind diese Wünsche gut begründet? Sprecht darüber.

2 Suche zu jedem Wunsch die passende Begründung.
Schreibe die Wünsche und die Begründungen geordnet auf.

Ich wünsche mir bunte Bilder an den Fenstern.	Ich mag keinen Streit. Ich fühle mich dann gar nicht wohl.
Wir brauchen unbedingt neue Bälle für die Pause.	Wir könnten die Fische beobachten und uns um sie kümmern.
Es soll keinen Streit geben und niemand soll ausgelacht werden.	Dann malen die Sonnenstrahlen bunte Farben ins Zimmer. Das macht mich froh.
Ich hätte gern ein Aquarium mit Fischen in der Klasse.	So könnten wir uns richtig austoben. Danach geht das Lernen viel besser.

3 Schreibe zwei eigene Wünsche und ihre Begründung auf.
Lest euch die Texte vor.

5 **Der Text soll überzeugen:**

- Wird der Wunsch genau aufgeschrieben und gut begründet?

Alle Tipps für Texte: Seite 140/141.

2 Natur erleben

Hinaus in die Natur

1 Die Bilder erzählen von Erlebnissen mit Tieren.
Wählt in der Gruppe ein Bild aus. Erzählt dazu.

Ein Erlebnis mit Tieren erzählen

1 Du hast sicher auch schon Erlebnisse mit Tieren gehabt. Überlege:
Über welches Tier möchtest du erzählen?

Wo hast du es gesehen?

Was ist passiert?

Ich habe es beobachtet ...	Ich habe es gefüttert ...
Es ist weggelaufen ...	?

2 Bereite deine Erzählung vor. Du brauchst einen interessanten Anfang.
Hat deine Geschichte ein überraschendes Ende?

Adjektive

Sprachstudio

1 Mit Adjektiven kannst du genau beschreiben.
Setze in jeden Satz das passende Adjektiv. Achte auf die richtige Form.

buschig – spitz – kurz – rötlich – scharf – stachelig

Der Igel hat ___ Stacheln.
Mit seinen ___ Beinen kann er schnell laufen.
Bei Gefahr rollt er sich zu einer ___ Kugel zusammen.

Der Fuchs hat einen ___ Schwanz.
An seinem ___ Fell erkennt man ihn.
Seine Beute packt er mit seinen ___ Zähnen.

1. Beweis: ▲ Adjektive sagen, wie Dinge und Lebewesen sind.

2 Ordne den Tieren das passende Adjektiv zu.
Schreibe so: das scheue Reh, ...

der die das ein eine ▲	scheu winzig flink stark giftig listig ▲	Fuchs Reh Kreuzotter Ameise Bär Hase ▲

2. Beweis: ▲ Adjektive passen zwischen Artikel und Nomen.

3 Welche Adjektive passen zu den Nomen?
Schreibe so: die langsame Schnecke, ...

langsam – schnell: Schnecke – Hase – Schildkröte – Reh – Gepard

schwer – leicht: Elefant – Fliege – Nashorn – Ameise – Wal

3. Beweis: ▲ Zu vielen Adjektiven gibt es das Gegenteil.

Kannst du Adjektive sicher bestimmen? Zeige dies an drei Adjektiven.

Aussagesätze

Sprachstudio

1 Bilde aus den Wörtern drei sinnvolle Sätze. Schreibe sie auf.

Die	Kreuzspinne	bauen	in	ein	feines	Hügel
Die	Waldameisen	webt	einen	riesigen	Netz	
Der	Waldkauz	in	einem	wohnt	hohlen	Baum

Ein Satz, der etwas erzählt oder berichtet, ist ein Aussagesatz.
Am Ende eines Aussagesatzes steht ein Punkt.

Der Klang beim Aussagesatz ist wie ein Vogelflug.

Er fliegt ab, gleitet durch die Luft und landet wieder.

Der Waldkauz wird erst in der Nacht munter.

2 Sprich deine Sätze aus Aufgabe 1. Mache die Klangprobe.

3 Schreibe zu jedem Bild einen Aussagesatz. Mache die Klangprobe.
Denke daran: Den Satzanfang schreibt man groß. ↑

Schreibst du den Satzanfang schon sicher groß? Wie kannst du das üben?

Ich unterstreiche immer das 1. Wort im Satz.

Ich beginne mit jedem Satz eine neue Zeile.

Mit Stichpunkten erzählen

Schreibstudio

1 Flipp und Flo haben ihr Erlebnis mit einem Igel gemalt.
Was haben sie wohl zu ihrem Bild erzählt? Vermute.

Flipp will sein Erlebnis der Klasse erzählen. Damit er nichts vergisst, schreibt er Kärtchen mit Stichpunkten.

An meinem Geburtstag durften wir länger aufbleiben.
Im Garten war es schon dunkel.
Wir spielten noch Verstecken.

Geburtstag
aufbleiben
Garten dunkel

Ich suchte Flo gerade hinter einem Strauch. Da hörte ich ein Grunzen und Schnaufen.
Wer konnte das sein?

Gespannt schaute ich unter die Hecke. Da krabbelte ein Igel hervor. Und hinter ihm trippelten fünf Igelkinder.

2 Welche Stichpunkte könnte sich Flipp noch aufgeschrieben haben?
Notiere deine Vermutungen.
Tausche dich mit einer Partnerin oder einem Partner aus.
Besprecht in der Klasse, welche Stichpunkte treffend sind.

Stichpunkte sind oft nur ein Wort.
Sie helfen, einen Text vorzubereiten oder vorzutragen.

Fällt es dir leicht oder schwer, Stichpunkte zu finden? Was hilft dir?

Der rote Faden

Schreibstudio

1 Das ist Flipps „roter Faden“ zu seinem Tiererlebnis. Erzähle.

2 Schreibe für dein Tiererlebnis Kärtchen mit Stichpunkten. Ordne sie an einem „roten Faden“.

3 Schreibe deinen Text auf. Denke an den Tipp von Krok.

Lies deinen Text vor. Was ist dir besonders gelungen?

Ich kann den roten Faden gut mitverfolgen.

Da kann ich richtig mitdenken.

4 **Der Text soll über etwas berichten:**

- Stehen in deinem Text alle wichtigen Einzelheiten?
- Sind die Informationen in einer sinnvollen Reihenfolge aufgeschrieben?

3 Forschen – erfinden – entdecken
Erfinderträume

Die Kinder der Klasse 3b haben zusammen eine besondere Maschine erfunden.

1 Stell dir vor, du schaltest die Maschine an. Was geschieht? Was siehst du? Was hörst du? Erzähle.

Traummaschine

Kunterbuntdingsda

Zauberautomat

Maschinentraum

Krimskramserfindung

Wunderwerk

2 Welcher Name passt für dich besonders gut zu dieser Maschine? Begründe.

3 Erfinde selbst einen Namen für diese Maschine.

 Richtig schreiben 2 – Seite 96-101

Das Haus der Erfinder

1 Stelle dir vor, es gäbe ein Haus, in dem alle Bewohner Erfinder sind. Wie sieht dieses Haus wohl aus? Male.

2 Im Garten probieren die Erfinder ihre Erfindungen aus. Welche sind besonders lustig? Sprecht darüber.

3 Hast du auch schon einmal etwas entdeckt oder erfunden? Erzähle.

4 Bringt Bücher über Forscher, Entdecker und Erfinder mit und gestaltet gemeinsam einen Büchertisch.

Zusammengesetzte Nomen

Sprachstudio

1 Wie heißen die Erfindungen, die die Kinder gebaut haben?
Schreibe die zusammengesetzten Nomen auf.

2 Setze die Nomen zusammen und bilde so Namen für Fantasiemaschinen.
Schreibe so: die Zeitmaschine, der Zeitautomat, …

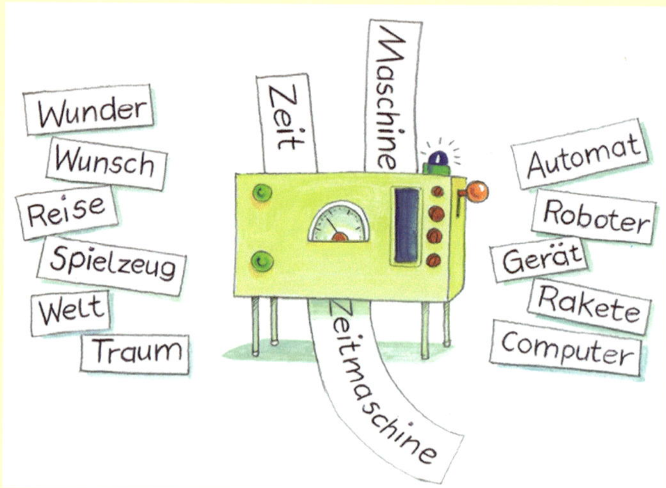

3 Aus welchen Wörtern sind diese Erfindungen zusammengesetzt?
Schreibe so: Suchmaschine → suchen + Maschine, …

Suchmaschine – Lesemaschine – Urwaldrakete – Süßigkeitenroboter – Bastelmaschine – Kuscheltierautomat – Tauchrakete – Zauberautomat

Nomen kann man so zusammensetzen:

▲ + ▲ ● + ▲

Kannst du zusammengesetzte Nomen bauen und zerlegen?
Kannst du ein besonders langes Nomen bauen?

Wörtersammlungen

Sprachstudio

Flipp hat einen Wortschatzroboter gebaut.

Welche Wörter verstehst du?
Welche Wörter kannst du mit einer Partnerin oder einem Partner klären?
Tauscht euch in der Klasse über eure Ergebnisse aus.

1 Zu welchem Thema passen die Wörter aus dem Roboter?
Besprecht euch.

In einer Wörtersammlung werden Wörter gesammelt, die zu einem Thema passen.

Besprecht, wie ihr viele Wörter zu einem Thema sammeln könnt.
Wen könnt ihr fragen, wo könnt ihr nachschlagen?

2 Ordne die Wörter. Finde selbst weitere Wörter.

Schreibe so: Wörtersammlung Weltall: der Mond, ...
Wörtersammlung Meer: der Wal, ...

Höhle — Satellit — Mond — fliegen — Raumschiff — umkreisen — tauchen — Wal — U-Boot — Flosse — Krake — Tiefsee — Planet — Welle — Stern —

3 Suche passende Wörter zur Wörtersammlung Urwald.
Schreibe sie auf.

Einen Text planen

Schreibstudio

1 Überlegt euch, was eure Maschine können soll.

2 Gebt eurer Maschine einen passenden Namen.

3 Macht eine Zeichnung.
Überlegt euch dabei genau, wie eure Erfindung funktioniert.

4 Beschriftet die Teile eurer Erfindung möglichst genau.
Verwendet auch zusammengesetzte Nomen.

Stellt eure Maschine vor. Welcher Arbeitsschritt ist euch gut gelungen? Welchen könnt ihr verbessern?

Etwas genau beschreiben

Schreibstudio

1 Flipp und Flo wollen ihre Maschine ganz genau beschreiben.
Ordne die Textteile in der richtigen Reihenfolge. Schreibe auf.

Sie überlegen:

- Unsere Maschine braucht einen Namen.
- Wie schaltet man unsere Maschine ein?
- Nun startet unsere Maschine. Was passiert nun? Was muss man tun? Was kann man sehen? Was kann man hören?
- Und am Ende?

Sie schreiben:

- So eine Freude! Dein Wunsch ist erfüllt!
- An der grünen Kurbel musst du zweimal drehen.
- Die Lampen blinken und das Laufband rattert los. Du musst deinen Wunsch auf einen Zettel schreiben und in den Wunschtrichter werfen. Nun arbeitet die Maschine auf Hochtouren.
- Unsere Maschine soll „Wunschmaschine" heißen.

2 Schreibt eine Gebrauchsanleitung für eure Maschine. Achtet darauf, dass die Beschreibung zu eurer Zeichnung passt.
Denkt an einen passenden Namen für eure Maschine.

3 **Der Text soll etwas beschreiben:**

- Sind die Informationen in einer sinnvollen Reihenfolge aufgeschrieben?
- Ist die Zeichnung mit passenden Begriffen beschriftet?

3 Sammelt eure Texte und Zeichnungen in einem Erfinderbuch.

4 Baut eine Maschine aus Kartons und Papprollen. Beschriftet sie.

4 Welt der Fantasie

Fantasie – Was ist das?

1 In der Fantasie ist alles möglich. Öffne die Türe zu deinem Fantasiegarten. Erzähle.

Wie sieht dein Fantasiegarten aus?

Was siehst du?

Was hörst du?

Was geschieht?

Wem begegnest du?

2 Gestalte deinen Fantasiegarten: Male, beschreibe ...

Tausche dich mit einer Partnerin oder einem Partner über eure Fantasiegärten aus. Stellt sie in der Klasse vor.
Überlegt: Was macht diese Gärten zu Fantasiegärten?

3 Was ist für euch Fantasie? Erzählt zu den Bildern und Texten.

In meiner Fantasie bin ich ein Held und erlebe viele Abenteuer.

Fantasie ist etwas, was man sich vorstellt.

Fantasie ist eine Geschichte, ein Traum, Fantasie ist bunt und spannend.

4 Gestaltet in der Klasse eine Fantasiewand mit Bildern, Fotos, Texten und Gegenständen.

Ich sehe was, das glaubst du kaum

Immer wenn es Nina und ihrem kleinen Bruder Mücke langweilig ist, denken sie sich etwas Fantastisches aus.

1 Erzähle, was Nina und Mücke erleben könnten.

Gerade saßen sie noch auf einem alten Apfelbaum. Plötzlich sind sie mitten im Dschungel ...

2 Wählt in der Gruppe den Anfang einer Fantasiegeschichte aus. Was könntet ihr alles erleben? Notiert Stichpunkte und ordnet sie an einem „roten Faden“.

Stellt euch vor, ihr sitzt auf einem bunten Teppich. Plötzlich ...

Stellt euch vor, ihr taucht mit dem Schnorchel im Hallenbad. Plötzlich ...

Stellt euch vor, ihr geht in den Keller. Plötzlich ...

Stellt euch vor, ihr schaut am Abend in den Himmel voller Sterne. Plötzlich ...

3 Spielt eure Geschichte vor. Verteilt die Rollen. Bestimmt den Erzähler.

Beobachtet euch und gebt euch Rückmeldung.

Deine Stimme passt gut zu deiner Rolle.

Du kannst noch deutlicher sprechen.

Man kann vor dem Spiegel üben.

4 Male oder schreibe zu deiner fantastischen Geschichte.

Wortfamilie träumen

Sprachstudio

1 Bilde aus den Wortbausteinen Wörter.
Kennzeichne die Wortbausteine. Schreibe so: ge träum t, …

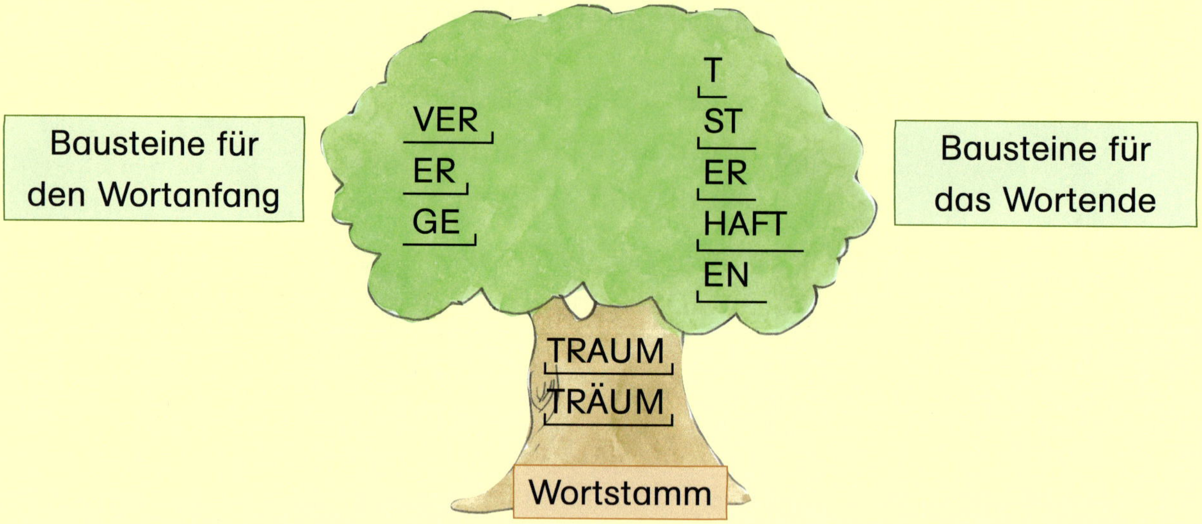

Wörter, die den gleichen oder einen ähnlichen Wortstamm haben, gehören zu einer Familie.

2 Schreibe diese Wörter zur Wortfamilie träumen auf.

WUNSCH TAG ALP	TRAUM	TRAUM	TÄNZER BERUF WELT

3 Ordne die Wörter nach ihren Wortstämmen bau, lauf, fühl.
Kennzeichne den Wortstamm. Schreibe so: bau : ab bau en, …

abbauen – der Lauf – der Fühler – das Gebäude – der Bauplan
gefühlvoll – die Läuferin – das Gefühl – gebaut – verlaufen
du fühlst – weglaufen – ablaufen

Kannst du Wortbausteine sicher bestimmen?
Beweise es mit diesen Wörtern.

fahren – sie fährt – der Fahrer – wegfahren

Satzglieder

Sprachstudio

1 Schreibe die Wörter auf Kärtchen.

2 Bilde mit den Kärtchen einen Satz. Schreibe ihn auf.

3 Stelle die Kärtchen so um, dass neue Sätze entstehen. Kennzeichne die Wörter, die zusammenbleiben, mit der gleichen Farbe. Schreibe so:

Im Traum fliegt Emil auf den Mars.

Emil fliegt im Traum auf den Mars.

> Beim Umstellen bleibt ein Satzglied immer an zweiter Stelle. Das ist das Prädikat.

> Die Wörter, die beim Umstellen eines Satzes zusammenbleiben, bilden ein Satzglied (Umstellprobe).

4 Das Prädikat bestimmt den Satz. Bilde Sätze. Stelle die Sätze um. Kennzeichne die Satzglieder.

schweben | Ufos | das | Weltall | durch | lautlos

Emil | auf | stolz | seiner | reiten | Rennschnecke

5 Schreibe weitere Sätze zu Emils Traumreise. Stelle sie um. Kennzeichne die Satzglieder.

Eine Fantasiegeschichte planen und schreiben

Schreibstudio

Dieses Muster hilft dir, deine Fantasiegeschichte zu planen.
Es ist in drei Abschnitte gegliedert.

Du bist zu Beginn in deiner wirklichen Welt.

Du gehst „durch eine Tür“ in ein Abenteuer.

Was hörst du?

Worüber staunst du?

Wem begegnest du?

Was siehst du?

Bist du mutig?

Hast du Angst?

?

Hallo, Flipp, kommst du zum Spielen?

Du kommst „durch die Tür“ zurück in deine wirkliche Welt.

Beginne nach jedem Abschnitt eine neue Zeile.

1 Erzähle zu den Bildern.

2 Plane deine eigene Fantasiegeschichte nach diesem Muster.

3 Schreibe deine Fantasiegeschichte auf.
Finde zum Schluss eine passende Überschrift.

Gelungene Textstellen anleuchten

Schreibstudio

Julian liest aus seinem Text vor. Die anderen Kinder leuchten  anschließend Stellen an, die besonders spannend erzählt sind.

Auf einmal schwebte mein Teppich mit mir durch das offene Fenster. „Hoffentlich stürze ich nicht ab“, dachte ich voller Angst. Der Teppich sauste mit mir über Häuser und Gärten. Je schneller ich flog, umso mutiger wurde ich. Immer wilder brausten wir durch die Luft. Uns kam plötzlich ein Schwarm Wildgänse entgegen. „Wohin fliegst du?“, fragte eine Wildgans. Ich bibberte: „Das würde ich selbst gerne wissen, aber das Ding macht, was es will.“
Die Wildgänse flogen weiter.
Der Teppich raste mit mir über die Wolken hinaus.

1 Lest den Text betont vor. Warum sind die Stellen „angeleuchtet“?

2 Welche Stellen würdet ihr im Text noch „anleuchten“? Sprecht darüber.

Lest nach, an welchen Stellen eure Texte besonders spannend sind. Leuchtet diese Stellen an:

- Jedes Kind liest einer Partnerin oder einem Partner seinen Text vor.
- Der oder die andere liest den Text still.
- Beide entscheiden, welche Stellen „angeleuchtet“ werden.

1 **Der Text soll unterhalten:**

- Ist die Geschichte lebendig und spannend erzählt?

3 Gestalte deinen Text, indem du Bilder hinzufügst.

5 Endlich Zeit für mich!
Meine Ich-Wolken

Wenn ich Zeit habe, ...

Mein Lieblingsort ist ...

Mir geht es richtig gut, wenn ...

Ich erhole mich, wenn ...

1 Was steht in deinen Ich-Wolken? Male und schreibe.

Tausche dich mit deiner Partnerin oder deinem Partner aus.
Sprecht in der Klasse darüber: Was macht ihr alle gern?

Zeit vergeht!

Minuten und Stunden dauern eigentlich immer gleich lang.

Aber manchmal ist es so:

Manchmal ist es aber auch so:

1 Wann vergeht die Zeit besonders langsam und wann besonders schnell? Erzählt, malt und schreibt.

2 Flipp hat aufgeschrieben, wie sein Tag gestern abgelaufen ist. Sprecht darüber.

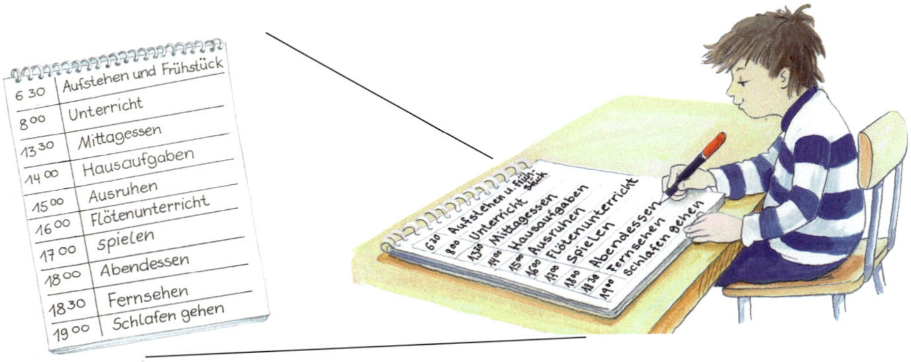

3 Schreibe auf, wie dein Tag gestern abgelaufen ist.
Tausche dich mit einer Partnerin oder einem Partner aus.
Sprecht in der Klasse darüber.

4 Flipp kennzeichnet, wofür er gerne mehr Zeit hätte.
Mache das Gleiche für deinen Tag.

Wörtliche Rede

Sprachstudio

1 Paul und Emma spielen. Lest mit verteilten Rollen.

Wenn du die Bildergeschichte ohne Sprechblasen schreiben willst, musst du so schreiben:

Paul sagt: „Hallo Emma! Ich gehe zum Urwaldbaum.“

Redebegleitsatz — wörtliche Rede

_____: „_____.“

Im Redebegleitsatz steht, **wer** etwas sagt.
Nach dem Redebegleitsatz kommt ein Doppelpunkt.
In der wörtlichen Rede steht, **was** jemand sagt.
Die wörtliche Rede steht zwischen Anführungszeichen.

2 Schreibe den Text zur Bildergeschichte in Aufgabe 1.

3 Schreibe zu den Bildern einen Text mit wörtlicher Rede.

Wortfeld sprechen

1 Wenn du endlich Zeit für dich hast, sagt dir niemand, was du gerade tun sollst. Setze für passende Verben aus dem Wortfeld sprechen ein. Schreibe die Sätze auf.

Niemand : „Mache jetzt deine Hausaufgaben!“
Niemand : „Kannst du mal den Müll raustragen?“
Niemand : „Räume endlich dein Zimmer auf!“
Niemand : „Pass auf deine kleine Schwester auf!“
Niemand : „Komm jetzt, wir fahren in die Stadt.“

Wortfeld sprechen

bitten, flüstern, schimpfen, sagen

rufen, erklären, brummen, fragen

lachen, schreien, antworten, meinen

reden, murmeln, jammern, ...

Zu einem Wortfeld gehören Wörter, die eine ähnliche Bedeutung haben.

2 Setze für passende Verben aus dem Wortfeld sprechen ein. Schreibe die Sätze auf.

Emil : „Juhu, das macht Spaß!“
Lara : „Schneller!“
Mama : „Nein! Nicht so schnell!“
Felix : „Ich will auch mitfahren.“
Mama : „Du bist noch zu klein.“

3 Suche passende Verben zum Wortfeld gehen.

Welche Wörter aus dem Wortfeld sprechen verwendest du am häufigsten? Welche Wörter waren neu für dich?

Verschiedene Textsorten (1)

Schreibstudio

Lena, Cem und Ben haben unterschiedliche Texte zu ihren Ich-Wolken geschrieben.

Von Ben

Mein Lieblingsspiel ist Mühle.
So sieht das Spielbrett aus:

Man braucht: 2 Spieler, 9 weiße Steine, 9 schwarze Steine.

So geht das Spiel:
Abwechselnd einen Stein legen.
Man muss 3 Steine in eine Reihe setzen. Dann hat man eine Mühle.

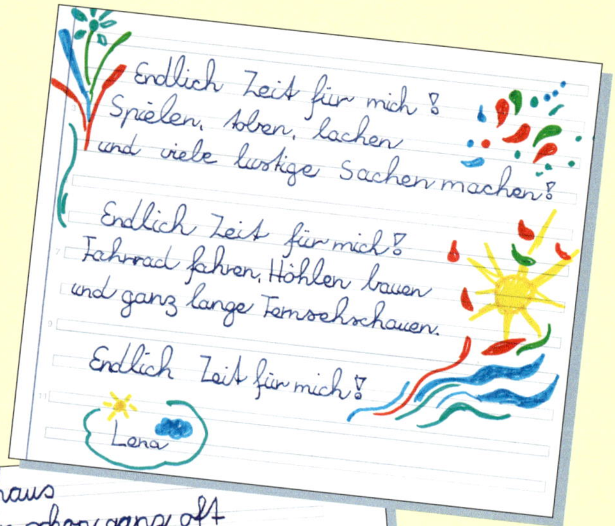

Endlich Zeit für mich!
Spielen, toben, lachen
und viele lustige Sachen machen!

Endlich Zeit für mich!
Fahrrad fahren, Höhlen bauen
und ganz lange Fernsehschauen.

Endlich Zeit für mich!

Lena

Mein Baumhaus

Ich habe mir schon ganz oft ein Baumhaus gewünscht. An meinem Geburtstag haben Mama und Papa dann gesagt: „Wir bauen ein Baumhaus im Garten. Morgen fangen wir an!" Vor Aufregung konnte ich gar nicht einschlafen. Wir haben drei Wochen lang gebaut. Das war ganz schön viel Arbeit. Das Baumhaus ist richtig toll geworden.

von Cem

1 Lest die Texte.

- Cem möchte mit seinem Text unterhalten.
- Lenas Text soll ein Gedicht sein.
- Ben möchte mit seinem Text den Leser informieren.

Ist es ihnen gelungen? Sprecht darüber.

Was ist beim Schreiben dieser Textsorten wichtig?
Ordne die Aussagen der Kinder zu.
Schreibe so: Cem hat lebendig erzählt. … Lena hat … Ben hat …

Er hat lebendig erzählt.

Ich finde, er hat gut erklärt.

Sie hat den Text schön gestaltet.

1 Wähle eine deiner Ich-Wolken aus und klebe sie auf ein Blatt. Schreibe um die Wolke deine Gedanken in Stichpunkten auf.

2 Überlege dir, was für einen Text du schreiben willst. Wähle die passenden Tipps aus und schreibe deinen Text.

Der Text soll unterhalten:

- Ist deine Geschichte lebendig erzählt?
- Kommt wörtliche Rede vor?
- Passt deine Überschrift?

Der Text soll etwas beschreiben:

- Sind die Informationen in einer sinnvollen Reihenfolge aufgeschrieben?
- Ergänzen passende Zeichnungen den Text?

Der Text soll wie von einem Dichter sein:

- Gibt es einen Bauplan?
- Sind Gedanken und Gefühle ausgedrückt?
- Ist dein Text mit Farben, Bildern ... gestaltet?

Jedes Kind liest seinen Text vor. Die anderen Kinder geben eine Rückmeldung.

Du hast lebendig erzählt.

Du hast toll gedichtet.

Deine Reihenfolge habe ich nicht ganz verstanden.

Dein Blatt ist schön geworden.

Deine Überschrift finde ich witzig.

6 Alles, was du brauchst?! – Werbung

Federleichte Flügelis – bärenstarke Rittos

1 Lies die Werbeplakate so, dass alle Flügelis oder Rittos kaufen wollen.

Werbung durchschauen

1 Jeder von uns hat viele Wünsche. Schreibe und male deine Wünsche.

2 Wähle das Werbeplakat von den Flügelis oder von den Rittos.
Welche von deinen Wünschen will es erfüllen?
Schreibe so: Wenn ich ein Flügeli habe, bin ich ...

3 Das meinen Mia und Ben. Stimmt das? Sprecht darüber.

4 Untersuche die Werbesprache auf den Plakaten. Welche Wörter wollen dich zum Kauf überreden?
Schreibe so: Flügeli: federleicht, ...
Ritto: bärenstark, ...

5 Die Farben und Bilder der Plakate wollen euch überreden.
Sprecht darüber.

Hast du gelernt, die Tricks der Werbung zu durchschauen? Worauf achtest du besonders?

Aufforderungssatz – Ausrufesatz

1 Die Kinder veranstalten einen Flohmarkt. Sie haben viele Sachen gesammelt und gebastelt. Um alles zu verkaufen, haben sie sich Werbesprüche ausgedacht. Untersuche sie und versuche, sie noch besser zu formulieren.

2 Denke dir weitere Werbesätze für Dinge auf dem Flohmarkt aus. Schreibe sie auf. Wenn dein Satz die Besucher auffordert, etwas zu tun, steht am Satzende ein Ausrufezeichen **!**.

3 Julia und Sven sind die „Ausrufer". Sie wollen zum Kaufen überreden.

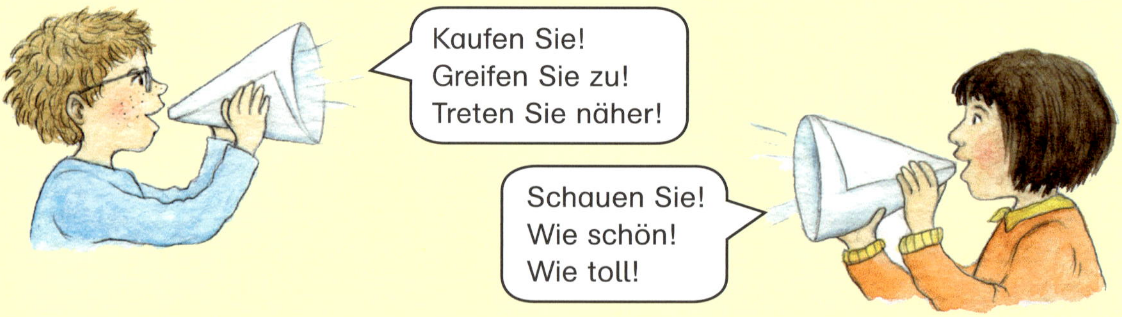

Spielt die Ausrufer. Sprecht so laut und deutlich, dass euch alle verstehen. Achtet dabei auf euren Atem und eure Körperhaltung.

Aufforderungssätze und Ausrufe enden mit einem Ausrufezeichen. !

Zusammengesetzte Adjektive

Sprachstudio

1 Überlege, was hier nicht stimmt.

2 Schreibe die Werbetexte um. Verwende dabei passende Adjektive.

kalt — süß — frisch — schnell — rund — weich

3 Zusammengesetzte Adjektive sind gute Werbewörter. Schreibe so:

Die Bonbons sind so süß wie Zucker. → zuckersüße Bonbons

Die Limonade ist so kalt wie Eis. →
Das Obst ist so frisch wie der Tau. →
Die Autos sind so schnell wie der Blitz. →
Die Stofftiere sind so weich wie Watte. →
Die Bälle sind so rund wie eine Kugel. →

Zusammengesetzte Adjektive beschreiben genauer.

4 Schreibe zu einem Gegenstand. Bilde zusammengesetzte Adjektive.

rot wie Feuer
stark wie ein Bär
groß wie eine Riese
schnell wie ein Pfeil
schön wie ein Bild

schön wie ein Wunder
weich wie Samt
blau wie der Himmel
dicht gegen Wasser
leicht wie eine Feder

Für etwas werben (1)

Schreibstudio

1 Denkt euch in Gruppen ein neues Produkt aus.
Welche Ideen habt ihr? Überlegt euch einen tollen Namen für euer Produkt.

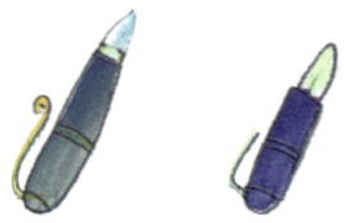

der Immer-Richtig-Schreib-Füller

ein Wunderschuh

ein Hubschrauberauto

oder etwas ganz Anderes

2 Gestaltet ein Cluster für eure Werbung.

Diese Gedanken hat sich Serkans Gruppe zum Wunderschuh gemacht:

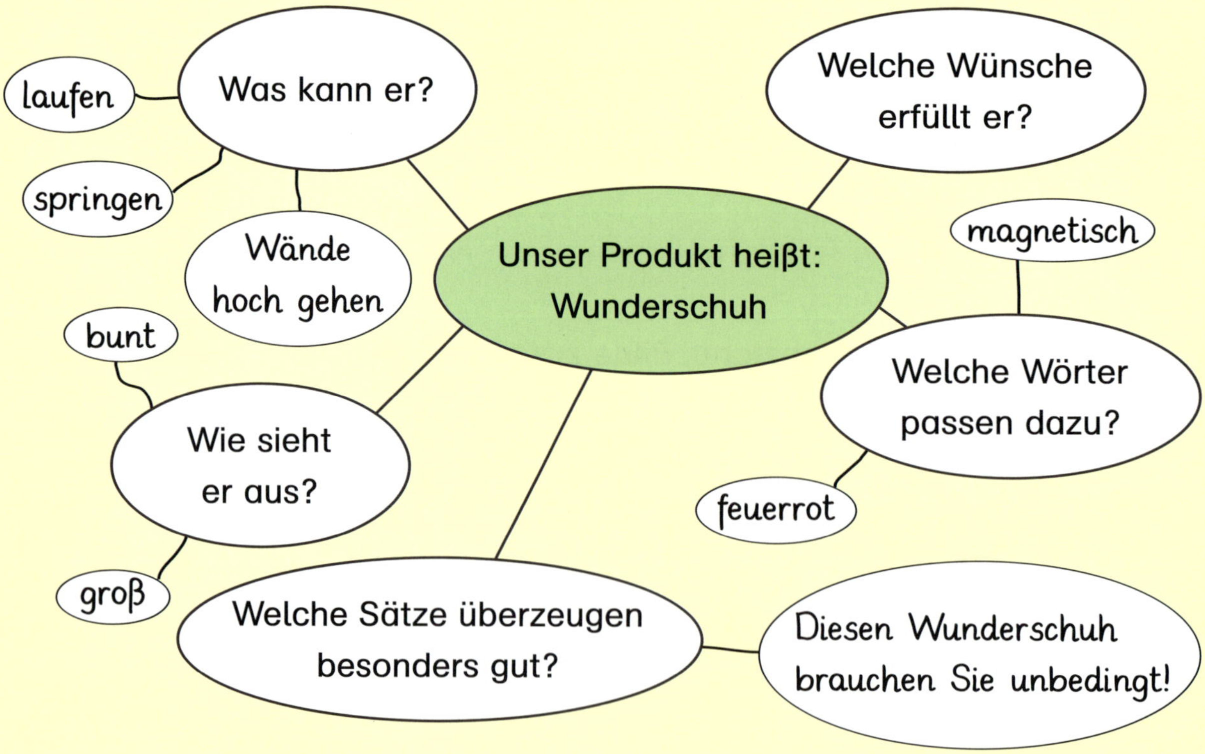

Kannst du selbst ein Cluster erstellen?
Was fällt dir leicht? Wobei brauchst du Hilfe?

Für etwas werben (2)

1 Entwerft ein Werbeplakat für euer Produkt, sodass es alle kaufen wollen.

Klebt den Entwurf auf ein großes Blatt. Tauscht euch aus. Schreibt Anmerkungen dazu. Stellt euer Plakat der Klasse vor. Wer hat noch wichtige Anmerkungen?

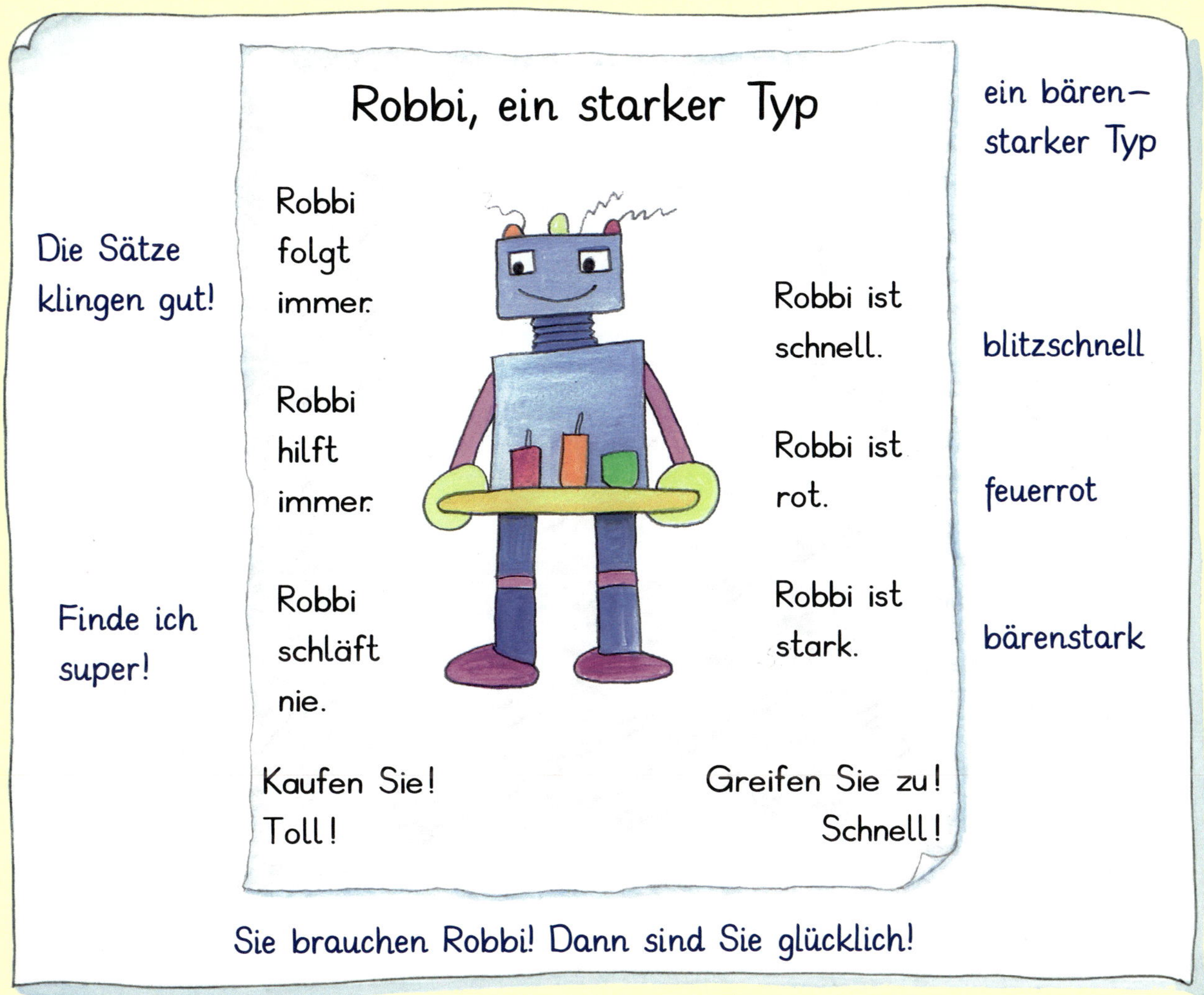

2 Gestalte dein Plakat so, dass Schrift, Bild und Farben dem Käufer auffallen.

5 **Der Text soll überzeugen:**

- Wird gut begründet, warum man das Produkt kaufen soll?
- Ist die Aufforderung zum Kauf überzeugend?

7 Rekorde, Rekorde!
Weltrekorde

1 Lies die Rekorde. Welcher Rekord beeindruckt dich am meisten?

Der größte Roboter wurde in Deutschland gebaut. Er ist ca. 16 m lang und 4,50 m hoch. Gebaut wurde der funkgesteuerte Drache für ein Festspiel.

Die weiteste von einer Ziege geskatete Strecke. Die Zwergziege „Happie“ lebt in Amerika. Sie sprang auf ein Skateboard und fuhr eine Strecke von 36 m.

Die in der Karibik geborene Asha Zulu Mandela hat **die längsten Dreadlocks** der Welt. Die Haarpracht der „schwarzen Rapunzel“ erreicht mittlerweile eine Länge von über 17 Metern.

Die größte Vuvuzela ist 35 m lang. Sie ertönte vor jedem Fußballspiel bei der Weltmeisterschaft 2010 in Südafrika.

Das höchste Gebäude der Welt ist der Burj Khalifa [sprich: burdsch chalifa]. Er ist 828 m hoch. Der Wolkenkratzer hat 189 Stockwerke und steht in Dubai.

Die Familie Richards aus Australien schmückte ihr Haus mit einer halben Million Lichter. Damit holten sie sich den Weltrekord in der Kategorie **„Weihnachtsbeleuchtung“**.

2 Jeder hat seine eigenen Rekorde: deine längste Wanderung, dein spannendstes Buch, ... Schreibe.

3 Kennt ihr noch andere Rekorde? Lest nach und berichtet.

Darias Weg zum Erfolg

Daria spielt im Schulorchester Flöte. Für das Schulfest mussten alle viel üben. Daria durfte sogar ein Solo spielen. Sie bekam viel Applaus.

Hallo, Daria. Dein Auftritt mit dem Schulorchester war echt spitze! Wie lange spielst du denn schon Flöte?

Schön, dass es dir gefallen hat! Ich spiele seit drei Jahren.

Das hört man. Musst du viel üben?

Ja, ich übe sogar mit der Lernstraße. Schau mal her!

	Mo	Di	Mi	Do	
START Das kann ich: die gemeinsamen Lieder Das will ich können: mein Solo Bis wann und wie? bis Freitag: jeden Tag 15 Minuten	Musik Schule	✓	Mama	Musik Schule	Hurra Jetzt kann ich mein Solo!

1 Schaut euch die Lernstraße von Daria an. Sprecht darüber.

2 Wo möchtest du Erfolg haben? Schreibe deine Startkarte.
Die Fragen helfen dir dabei.

Wie viel übst du? | Was konntest du am Anfang? Was kannst du jetzt?

Was willst du wann erreichen? | Wer hilft dir dabei?

Was kannst du schon gut? Was fällt dir noch schwer?

Stelle deine Startkarte vor. Sprecht darüber.

Adjektive steigern

Sprachstudio

1 Die Ergebnisse des Sportfestes wurden aufgeschrieben. Vergleiche.
Schreibe die Sätze mit den passenden Adjektiven auf.

Lena läuft schnell.
Cem läuft ...
Mateja läuft am ...

Mateja springt weit.
Lena ...
Cem ...

Cem taucht tief.
Mateja ...
Lena ...

Name	Lauf	Sprung	Tauchen
Cem	14,1 Sek.	3,20 m	0,50 m
Lena	14,9 Sek.	2,80 m	1,50 m
Mateja	13,7 Sek.	2,50 m	2,00 m

schnell tief weiter
weit schneller
am schnellsten am weitesten
tiefer am tiefsten

Mit Adjektiven kann man vergleichen: schnell (Grundform), schneller (1. Vergleichsstufe), am schnellsten (2. Vergleichsstufe)

2 Setze die Adjektive in die 1. und 2. Vergleichsstufe. Kennzeichne die Wortbausteine. Schreibe so: schnell, schneller, am schnellsten, ...

schnell lustig dünn eng toll weich
klein arm hell schön tief wichtig

3 Vergleiche und bilde Sätze.
Schreibe so: Der Igel ist langsam. Der Käfer ist .... Die Schnecke ...

langsam Igel, Käfer, Schnecke	schnell Hund, Gazelle, Gepard	schwer Bär, Ochse, Elefant

Du kannst Adjektive steigern. Beweise es mit *schön* und *hell*.

Wortfamilien

Sprachstudio

1 In diesem Gespräch findest du Wörter aus der Wortfamilie laufen.
Woran erkennst du sie? Schreibe sie auf. Kennzeichne den Wortstamm.

2 Schreibe die Wörter aus der Wortfamilie laufen auf.

3 Du findest zu jedem Feld sicher noch Wörter.
Sammle mit einer Partnerin oder einem Partner weiter.
Gestaltet in der Klasse gemeinsam ein Wortfamilienplakat.

Eine Angebergeschichte

1 Paul hat ein neues Fahrrad bekommen. Vor seinen Freunden gibt er damit an. Das Fahrrad wird immer fantastischer.

2 Erzählt die Angebergeschichte mithilfe des roten Fadens.

3 Spielt die Angebergeschichte so, dass man das Angeben gut erkennen kann.

Eine Angebergeschichte schreiben

Schreibstudio

1 Plant in Partnerarbeit eure Angebergeschichte:

- Entscheidet euch für einen Gegenstand oder ein Tier. Zeichnet.

- Zeichnet und schreibt abwechselnd eine „Angeberblase" nach der anderen. Die Geschichte soll sich langsam steigern.

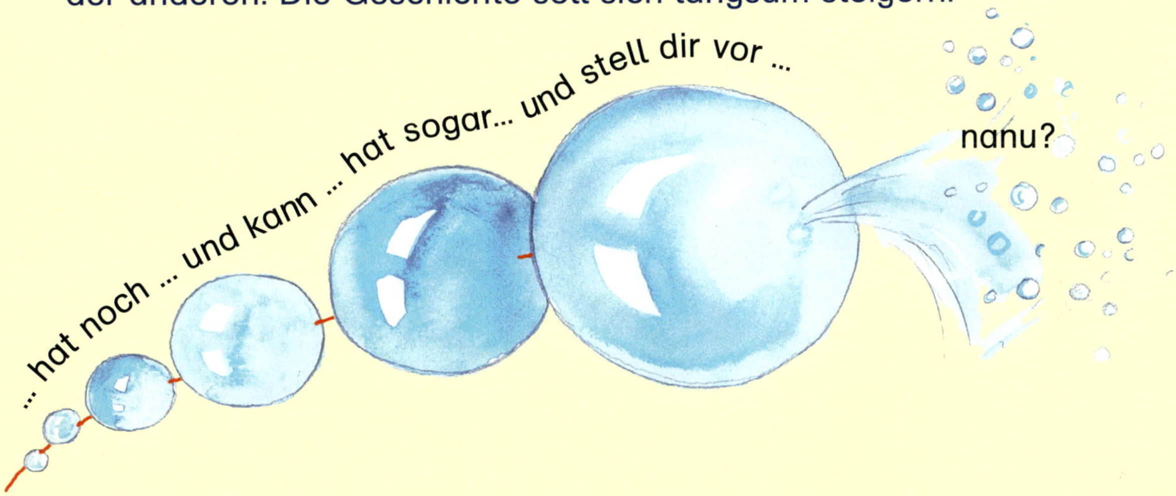

- Denkt euch ein überraschendes oder lustiges Ende aus.

2 Schreibe die Angebergeschichte auf. Suche eine passende Überschrift.

3 Verwende statt sagen viele Wörter aus dem Wortfeld sprechen.

4 Lies deinen Text vor.

Gebt euch Rückmeldung.

Du hattest tolle Ideen!

Das Ende war lustig!

1 **Der Text soll unterhalten:**

- Ist deine Geschichte lebendig, fantasievoll ... erzählt?
- Kommt wörtliche Rede vor?
- Passt deine Überschrift?

8 Theater, Theater!

Theater spielen

Die Kinder der Klasse 3b haben sich ein Theaterstück ausgedacht:

Prinzessin Yasemin hat zu ihrem Geburtstag vom Sultan einen Tanzdrachen geschenkt bekommen. Zuerst haben die beiden viel Spaß. Aber bald hat der kleine Drache Heimweh. Er zaubert sich und Yasemin in den Drachenwald zurück. Der Sultan ruft Prinz Salim um Hilfe. Salim sucht Yasemin überall. Schließlich entdeckt er Yasemin und den Tanzdrachen im Drachenwald in der Höhle eines gefährlichen Drachen ...

1 Sprecht in der Gruppe:

- Was könnte in dem Theaterstück noch alles passieren?
- Was erlebt Prinz Salim auf seiner Suche nach Yasemin?
- Wem begegnet er? Wie endet die Geschichte?

2 Malt die Figuren, die in dem Stück vorkommen sollen.

 Richtig schreiben 4 – Seite 108-113

So spielen Schauspieler

1 Schauspieler erzählen mit ihrem Körper. Spielt diese Rollen:

Sultan

Prinz Salim

Prinzessin Yasemin

Wachen

2 Schauspieler erzählen mit ihrer Mimik. Was erzählen diese Gesichter?

Sultan

Wache

Prinzessin Yasemin

Prinz Salim

3 Zeigt mit eurer Mimik:

- Die Palastwachen sind streng und ernst.
- Der Sultan macht sich Sorgen.
- Salim erschrickt, als er den Drachen erblickt.
- Yasemin freut sich, dass sie gerettet ist.

4 Schauspieler sprechen mit einer Stimme, die gut zur Rolle passt. Probiert mehrere Möglichkeiten aus. Wie wirkt euer Sprechen auf die Zuschauer?

O, Papa! Ein Tanzdrache! Danke!

Halt! Stillgestanden!

Salim, du musst Yasemin finden!

Verehrter Sultan, was kann ich für Sie tun?

Wer wagt es, in meine Höhle zu kommen?

Welche Rolle würdest du gerne spielen? Warum?

Satzglieder (Subjekt)

Sprachstudio

1 Das Prädikat bestimmt, welches Subjekt zu ihm passt.
Frage mit **Wer oder was?** nach dem Subjekt und bilde sinnvolle Sätze.

Der Tanzdrache

Die Wachen

Die Prinzessin

Der große Drache

Der strenge Sultan

Prinz Salim

Wer oder was?

Wer oder was?

Wer oder was?

befiehlt
erschrickt
lacht
tanzt
marschieren
brüllt

Mit der Frage „Wer oder was?" fragt man nach dem Subjekt.
Das Subjekt ist ein Satzglied.

2 Schreibe die Sätze aus Aufgabe 1 auf. Unterstreiche in jedem Satz das Subjekt. Schreibe so: Der Tanzdrache tanzt.

3 Schreibe die Sätze ab. Unterstreiche das Subjekt.

Max spielt den Sultan.
Der Drache tanzt auf der Bühne.
Den Erzähler spricht Lorenzo.
Marek und Lisa schlagen die Trommeln.
Ich spiele den kleinen Drachen.

Du kannst das Subjekt bestimmen. Zeige es an den Sätzen:
Salim sucht Prinzessin Yasemin.
Der Tanzdrache will nach Hause.

1 Vor der Aufführung gibt es noch viele Fragen.
Bilde sinnvolle Fragesätze und schreibe sie.

Wie oft	Kleidung passt gut zu einem Sultan	?
Welche	kann ein Steckenpferd mitbringen	?
Wie viele	muss der Erzähler sitzen	?
Wer	müssen wir proben	?
Wo	Musiker brauchen wir	?

Ein Satz, der eine Frage stellt, ist ein Fragesatz.
Am Ende eines Fragesatzes steht ein Fragezeichen. ?

2 Lies die Sätze. Welches sind Fragesätze? Mache die Klangprobe.

3 Schreibe die Fragesätze und die passenden Aussagesätze auf.
Setze die richtigen Satzzeichen.

Ein Theatertext

Schreibstudio

Das passiert in der Wüste:

Salim sucht die Prinzessin. Er findet sie nicht. Müde legt er sich schlafen.
Am nächsten Morgen wird er von jemandem geweckt.
Es sind Kaufleute. Die Kaufleute erzählen Salim vom Drachenwald.

Im Theatertext steht, was jeder spricht.
Er wird in zwei Spalten aufgeschrieben.

Erzähler:	Salim schläft. Da weckt ihn jemand auf.
1. Kaufmann:	He du! Wach auf! Wer bist du?
Salim:	Ich bin Prinz Salim.
2. Kaufmann:	Und was machst du hier mitten in der Wüste?
Salim:	Ich suche seit vielen Tagen Yasemin.
3. Kaufmann:	Yasemin? Etwa die Tochter des großen Sultans?
Salim:	Ja. Habt ihr sie denn gesehen?
1. Kaufmann:	Nein, in der Stadt war sie nicht.
2. Kaufmann:	Hast du schon im Drachenwald gesucht?
Salim:	Im Drachenwald? Wo ist der?
3. Kaufmann:	Dort hinter der großen Palme. Aber nimm dich in Acht. Dort lebt ein gefährlicher Drache.

1 Spielt die Szene mit verteilten Rollen. Denkt an Körpersprache und Mimik. Verändert auch eure Stimme.

Gebt den Schauspielern eine Rückmeldung.

Du hast sehr lebendig gespielt.

Du hast deine Sätze toll betont.

Mir hat deine Mimik als Sultan gefallen.

Einen Theatertext schreiben

Schreibstudio

1 Hier seht ihr die Szenen aus dem Theaterstück. Erzählt.

Szene 1

Szene 2

Szene 3

Szene 4

Szene 5

Szene 6

2 Wählt eine Szene in der Gruppe aus. Überlegt:

- Was passiert?
- Welche Personen spielen mit?
- Was könnten sie zueinander sagen?
- Was muss der Erzähler erklären?

3 Schreibt den Theatertext zu eurer Szene. Verteilt die Aufgaben.

4 Spielt das Theaterstück. Begleitet es mit Musik und Geräuschen.

9 Medien

Fernseher, Radio, Computer, Internet …

Die Kinder der Klasse 3a haben zum Thema Medien 42 Kinder an ihrer Schule befragt: Welche Medien nutzt du am häufigsten?
Jedes Kind durfte zwei Medien nennen.
Das Ergebnis ihrer Befragung haben sie in einem Schaubild dargestellt:

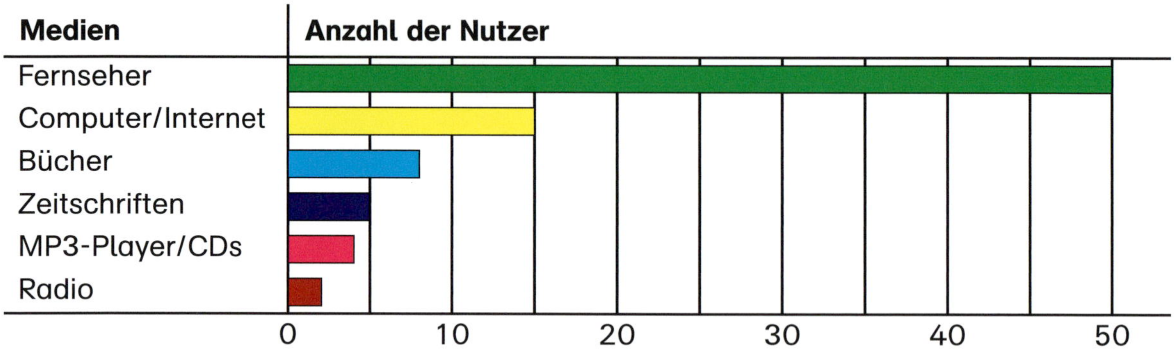

1 Welche Informationen kannst du aus diesem Schaubild herauslesen?
Tausche dich mit einer Partnerin oder einem Partner aus.

2 Führt selbst eine Befragung an eurer Schule durch.
Stellt eure Ergebnisse übersichtlich dar.

3 Für viele Kinder ist der Fernseher am wichtigsten. Wie ist das bei dir?
Berichte deiner Klasse:

- Gibt es eine Sendung, die du besonders gerne siehst? Warum?
- Spielt eine Person mit, die dir besonders gut gefällt?
- Was passiert in deiner Lieblingsfernsehsendung?

Richtig schreiben 5 – Seite 114-119

Den Computer und das Internet nutzen

1 Wofür nutzt ihr den Computer oder das Internet? Sprecht in der Klasse darüber.

2 Mateja und Emil interessiert das Thema Fußball. Sie suchen auf Kinderseiten im Internet.

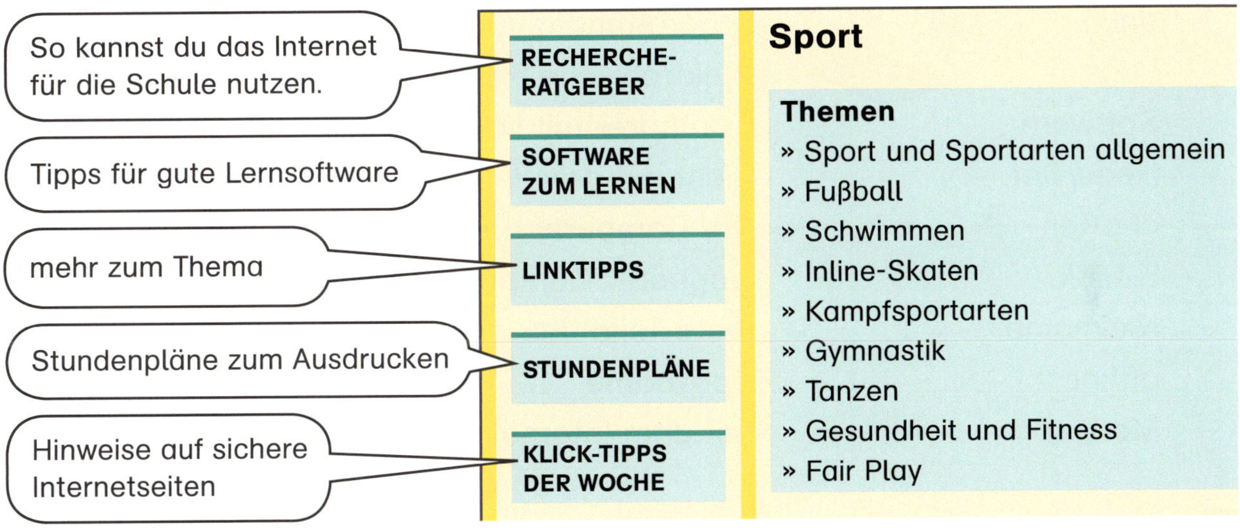

Informiere dich mit einer Partnerin oder einem Partner im Internet über ein Thema.

Sport	Kunst	Mathematik	...

3 Schreibt wichtige Informationen zu eurem Thema am Computer auf. Stellt den anderen Kindern in der Klasse vor, was ihr herausgefunden habt.

Computer- und Internetwortschatz

1 Welches englische Wort und welche deutsche Erklärung gehören zusammen? Schreibe so: Monitor: ...

Hardware	Bildschirm
online	Programme auf dem Computer
Laptop	elektronische Post
Software	Kopfhörer mit Mikrofon
Head-Set	nicht mit dem Internet verbunden
chatten	am Computer plaudern
E-Mail	tragbarer Computer
Nickname	feste Teile des Computers
offline	Spitzname
Monitor	mit dem Internet verbunden

2 Erkläre einem anderen Kind, was diese Wörter in der Computersprache bedeuten. Schreibt die Erklärungen gemeinsam auf.

löschen Maus Virus surfen
abstürzen herunterfahren Fenster

Welche Computer-Wörter waren neu für dich?
Wie merkst du sie dir?

Im Internet recherchieren

Sprachstudio

In einem Internet-Lexikon werden viele Begriffe rund ums Netz erklärt.

1 Was bedeuten die Wörter? Schlage sie in einem Internet-Lexikon nach.

Browser — Download — Homepage — Netikette — Link

In Online-Wörterbüchern kannst du blitzschnell deutsche oder fremdsprachige Begriffe nachschlagen. Oft kannst du auch die richtige Aussprache anhören.

2 Schlage die Wörter in den Sprechblasen und andere interessante Wörter in einem Online-Wörterbuch nach.
Schreibe so: Erdbeere – strawberry, ...

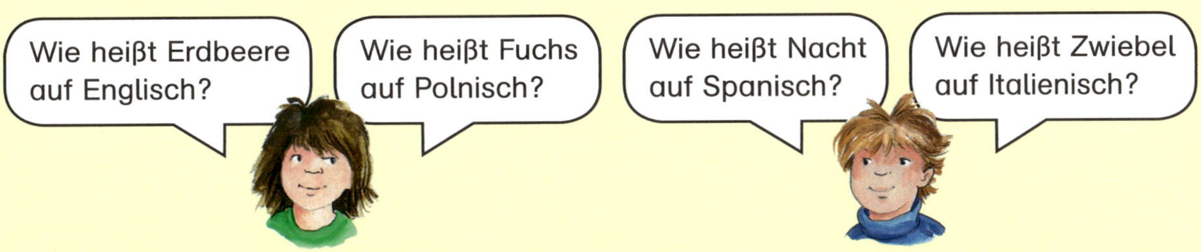

Schreibe das Wort Schokolade in vier verschiedenen Sprachen auf.

Einen Brief schreiben

Schreibstudio

Lena hat ihrer früheren Klasse einen Brief geschickt.

Lena Huber
Dorfstraße 14
87629 Füssen

An die
Klasse 3a
Vennhofschule
Turnerstr. 7
87561 Oberstdorf

Füssen, 28.05.2014

Liebe Klasse 3a,

wie geht es euch? Meine neue Klasse ist sehr nett und ich habe schon Freunde gefunden. Am Morgen muss ich jetzt früher aufstehen, weil die Schule schon um 7.45 Uhr anfängt.
Zur Schule fahre ich 15 Minuten mit dem Bus. Wir haben auch Nachmittagsunterricht. Da kann ich in der Schule Mittag essen. Bei unserem Dorf gibt es einen Badesee. Dort treffe ich mich oft mit meinen neuen Freunden.
Meine Eltern wollen mir zum Geburtstag einen Hund schenken.
Ich kann es kaum noch erwarten. Wir können jetzt einen Hund halten, weil wir einen Garten haben. Wenn mein Hund da ist, schicke ich euch gleich ein Foto von ihm.

Schreibt mir doch bitte bald zurück!
Liebe Grüße
Eure Lena

1 Schreibt in der Gruppe einen Antwortbrief an Lena. Darauf müsst ihr achten:

- oben rechts: Ort und Datum
- Anrede: Liebe ... , Hallo ...
- Erzählt von euch und stellt Lena Fragen: Stell dir vor, ...
  Wir müssen dir unbedingt ... Weißt du schon ...? Warum ...?
- Beendet euren Brief mit einem netten Gruß: Bis bald! ... Viele Grüße! ...

Habt ihr in der Gruppe gut zusammengearbeitet? Ist jeder zu Wort gekommen? Konnte jeder seine Ideen einbringen?
Vergleicht eure Briefe: Wurden die Punkte aus Aufgabe 1 beachtet?

Eine E-Mail schreiben

Emma ist Lenas beste Freundin. Sie schreibt ihr oft E-Mails.
Eine E-Mail ist ein elektronischer Brief. Emma muss beim Schreiben auf ähnliche Dinge achten wie bei einem Brief aus Papier.

So fängt Emma an:

Von: Hier gibt Emma ihre E-Mailadresse ein.

An: Sie fügt Lenas E-Mailadresse ein.

Betreff: Sie schreibt mit Stichworten auf, worum es in ihrer Nachricht geht.

Jetzt schreibt Emma ihren **elektronischen Brief** für Lena.

1 Schreibe eine E-Mail an einen Freund oder eine Freundin und schicke sie ab.

Überlege: Wann ist es sinnvoll, einen Brief zu schreiben, wann eine E-Mail? Tausche dich mit einer Partnerin oder einem Partner aus. Diskutiert in der Klasse. Notiert die Ergebnisse auf einem Plakat.

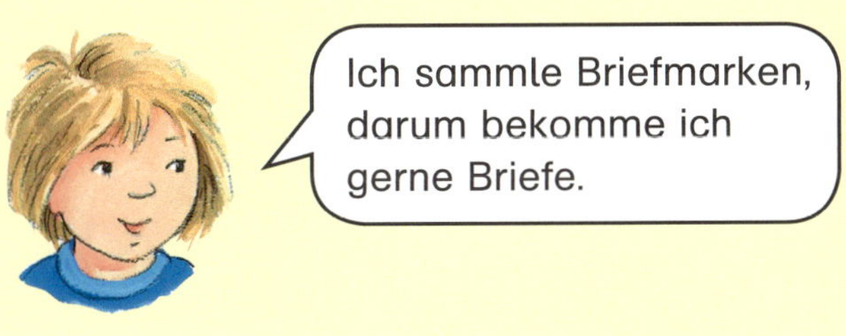

10 Starke Kinder
Stark? Stark!

1 Sind diese Kinder stark? Sprecht darüber und begründet.

2 Wann fühlst du dich stark? Schreibe auf oder zeichne. Tausche dich mit einer Partnerin oder einem Partner aus.

3 Welche Stärken hast du in der Zusammenarbeit mit anderen? Erzähle.

siegen und verlieren — teilen — nachgeben — anderen helfen

gut zuhören — Freude zeigen — Hilfe annehmen — andere trösten

verstehen, wie andere sich fühlen — andere Meinungen gelten lassen

andere loben — Streit schlichten — weinen — ?

Das kann ich gut mit dem , mit dem , mit  und .
Schreibe auf: Was kannst du gut? Seit wann kannst du es?

Richtig schreiben 5 – Seite 114-119

Starke Kinder sagen auch „Nein!“

Ich will nicht, dass Emma mit meinem nagelneuen Skateboard fährt.

Darf ich mit deinem neuen Skateboard fahren, Maximilian?

1 Was geht Maximilian durch den Kopf? Schreibe deine Überlegungen auf.

2 Maximilian sagt Nein. Überlegt:

- ▶ Wie könnte Maximilian sein „Nein“ begründen?
- ▶ Wie sollte Maximilian mit Emma sprechen?
- ▶ Wie könnte Emma reagieren?

3 Es ist nicht nur wichtig, was Maximilian sagt, sondern auch wie er es sagt. Wichtig ist auch, was er dabei denkt.

Ich blicke Emma in die Augen.

Ich stehe aufrecht.

Ich spreche sicher und laut.

Ich sage Nein, weil…

Ich darf auch zu Emma Nein sagen.

4 Spielt die Situation. Wie würdet ihr euch verhalten?

5 Spielt die Situationen und entscheidet: **Ja** oder **Nein.**

Ja? Nein?

Deine Mutter möchte, dass du den Tisch deckst.

Ja? Nein?

Ein Kind aus deiner Klasse möchte, dass du ihm ein Eis kaufst.

Ja? Nein?

Ein Kind fordert dich auf, mit ihm bei Rot über die Ampel zu gehen.

Pronomen

1 Lies die Sätze. Wer ist gemeint?

Pippi

Urmel

Anne und Phillipp

Greg

Es ist aus einem Ei geschlüpft und lebt auf der Insel Titiwu. (a)

Er zeichnet und schreibt in sein Tagebuch und findet seine Brüder lästig. (b)

Sie sind Geschwister und entdecken im magischen Baumhaus viele Bücher. (c)

Sie hat Sommersprossen und ist das stärkste Mädchen der Welt. (d)

2 Schreibe die Sätze aus Aufgabe 1 ab. Ersetze in den Sätzen *er, sie, es* durch die passenden Namen. Schreibe so: Das Urmel ist ...

Pronomen stehen für Nomen. Sie sind: ich, du, er, sie, es, wir, ihr, sie.
▲ Das ist das Zeichen für Pronomen.

„Pro“ ist lateinisch
und bedeutet „für“.

3 Ersetze die unterstrichenen Wörter durch Pronomen.
Schreibe so: Es ist ein ...

<u>Das Vamperl</u> ist ein kleiner grüner Vampir.
<u>Die drei ???</u> haben ihre Zentrale in einem Wohnwagen.
<u>Die kleine Hexe</u> möchte am Hexenrat teilnehmen.
<u>Peter Pan</u> wird niemals erwachsen.

ich

du

er/sie/es

wir

ihr

sie

Zu diesen Pronomen kenne ich die Handzeichen: ...
Diese Handzeichen muss ich noch üben: ...

Satzglieder (Prädikat)

1 Was können die Figuren besonders gut? Frage nach: Was tut Peter Pan?
Peter Pan fliegt.

Peter Pan

Sams

Olchis

das kleine Gespenst

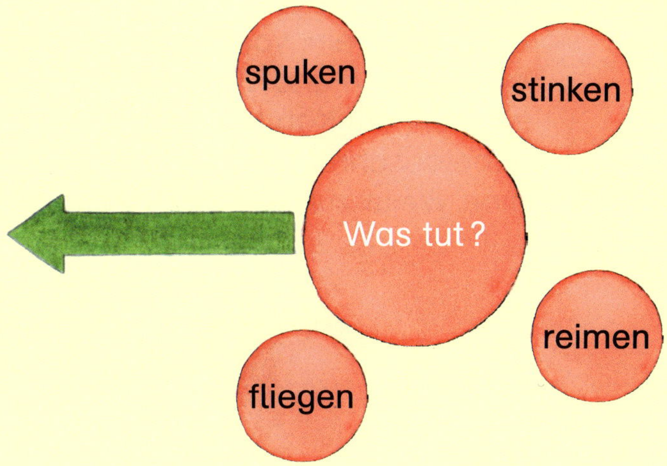

2 Schreibe die Sätze auf. Schreibe so:
Was tut Peter Pan? Peter Pan fliegt.

> Das Prädikat antwortet auf die Fragen: „Was tut jemand?“ oder „Was geschieht?“
> Das Prädikat ist immer ein Verb.

3 Schreibe die Sätze richtig ab. Frage nach dem Prädikat. Kennnzeichne es.

der kleine Wassermann | in einem Weiher | lebt

krachend | die alte Tür | fällt | ins Schloss

raubt | eine Kaffeemühle | der Räuber Hotzenplotz

4 Stelle die Sätze aus Aufgabe 3 um. Jedes Satzglied soll einmal am Anfang stehen.

> Wenn man Satzglieder umstellt, erzählt man abwechslungsreicher.

Du kannst das Prädikat bestimmen. Beweise es an diesem Satz:
Anne und Phillipp erleben spannende Abenteuer.

Eine Geschichte planen

Pippi geht an Bord
Und eines schönen Morgens im März lief die „Hoppetosse“ in den Hafen ein, vom Vorder- bis zum Achterschiff geschmückt mit Flaggen und Wimpeln. ... der Laufsteg war kaum ausgelegt worden, als Kapitän Langstrumpf und Pippi einander unter lautem Jubelgeschrei entgegenstürzten. „Das wird herrlich, wieder einmal eine Weile zur See zu fahren“, sagte sie.

Annika und Tommi freuen sich mit Pippi auf das Abenteuer.
Die Hopetosse ist nun acht Tage unterwegs.
Tommi und Annika haben viel erlebt.
Sie wollen eine Flaschenpost schreiben.

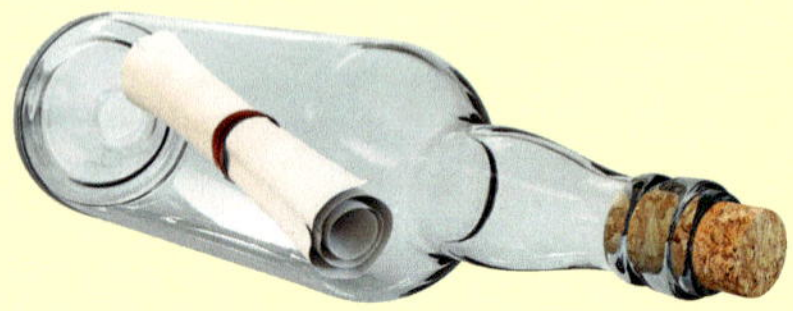

1 Stellt euch vor, ihr seid Annika oder Tommi.
Was habt ihr wohl alles erlebt? Erzählt.

2 Sammle deine Ideen für eine Flaschenpost in einem Cluster. Tausche dich mit einer Partnerin oder einem Partner aus. Stellt eure Ideen der Klasse vor. Ergänzt eure Ideen.

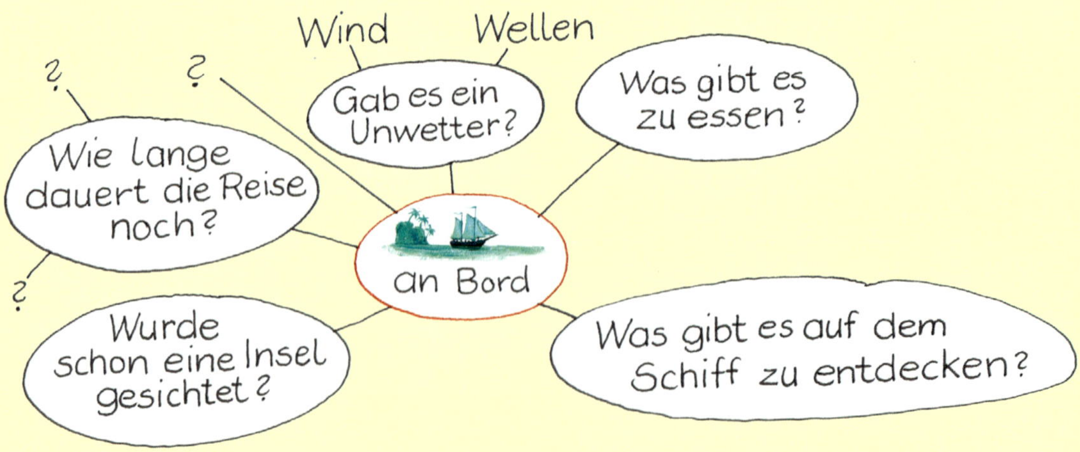

3 Schreibt eine Flaschenpost.

Eine Geschichte überarbeiten

Schreibstudio

Serkan und Vreni haben angefangen, ihre Flaschenpost zu überarbeiten.

1 So beginnt Vrenis Geschichte. Lies den Textausschnitt.

> Liebe Mama,
> jetzt sind wir schon unendlich lange an Bord. Tommi und ich vermissen dich. Tommi und ich freuen uns schon auf die Insel. Pippi erzählt uns oft spannende Geschichten. Dann vergeht die Zeit schneller bis wir wieder an Land dürfen. Manchmal ist das Meer sehr stürmisch. Dann wird uns ein bisschen schlecht. Dann werden wir ganz grün im Gesicht.

2 Warum sind manche Stellen angeleuchtet?
Warum sind manche unterringelt?

3 Überarbeite einen Ausschnitt aus deinem Text mit einem anderen Kind.
Überlegt:

- ▶ Welche Textstellen sind besonders spannend? Leuchtet an.
- ▶ Welche Textstellen sollen überarbeitet werden? Unterschlängelt.

Tommi und ich freuen uns auf die Insel.	Dann werden wir ganz grün im Gesicht.

Du kannst Wörter ersetzen.

Du kannst Sätze umstellen.

1 **Der Text soll unterhalten:**

- ▶ Ist deine Geschichte lebendig, spannend, lustig, fantasievoll, ... erzählt?
- ▶ Beginnen deine Sätze unterschiedlich?

11 Das Rad der Zeit

Wie war es früher? Wie ist es heute?

Auf dem Bild siehst du Spiele und Spielzeug von früher und heute.

1 Welche Spiele und welches Spielzeug auf dem Bild kennt ihr? Sprecht darüber.

2 Zeigt das Bild euren Eltern und Großeltern. Was erfahrt ihr von ihnen? Schreibt in Stichpunkten auf, was sie sagen.

3 Sammelt Spielzeug von früher und heute. Gestaltet damit eine Ausstellung. Beschriftet die Spielzeuge. Gestaltet ein Spieletreffen.

Wo, wie und bei wem könnt ihr etwas über alte Dinge erfahren?

 Richtig schreiben 6 – Seite 120-125

Wie Schule früher war

Bei Eltern, Großeltern und Urgroßeltern haben die Kinder nach Schulsachen von früher geforscht. Sie haben auch ein Schulmuseum besucht und Dinge für ihre Ausstellung gesammelt.

1 Forsche nach:
- Was sind das für Dinge?
- Wozu brauchte man sie?
- Wie benutzte man sie?

2 Vergleiche ein Ding aus der Schule von früher mit dem von heute. Beschreibe, wie es früher war und wie es heute ist.

3 „Heute ist alles besser!“ Stimmt das? Was meint ihr?

Die 1. Vergangenheit (1)

Sprachstudio

1 Schreibe den Text ab und setze die passenden Verben ein. Unterstreiche in jeder Zeile das Verb.

So ist es heute

Jan ___ seine Schultasche aus.
Er ___ in sein Heft.
Dazu ___ er den Füller.
Einen Fehler ___ er mit dem Tintentod.
Für gutes Üben ___ Jan ein Lob.
Schließlich ___ Jan den Füller in sein Mäppchen.

Gegenwart
er nimmt
er packt
er schreibt
er bekommt
er legt
er löscht

2 Wenn der Text von früher erzählt, stehen die Verben in der Vergangenheitsform. Schreibe den Text.

So war es früher

Fritz ___ seinen Schulranzen aus.
Er ___ auf seine Schiefertafel.
Dazu ___ er einen Griffel.
Einen Fehler ___ er mit einem Schwamm.
Für gutes Üben ___ Fritz ein Fleißbildchen.
Schließlich ___ Fritz den Griffel in die Griffelschachtel.

1. Vergangenheit
er nahm
er packte
er schrieb
er bekam
er legte
er löschte

3 Unterstreiche in deinem abgeschriebenen Text die Verben in der 1. Vergangenheit.

Geschichten von früher werden meist in der 1. Vergangenheit geschrieben. „Früher" kann auch gestern sein.

4 Suche 10 Verben in der Wörterliste (Seite 145–154) oder im Wörterbuch. Schreibe sie in der ich-Form und setze sie in die 1. Vergangenheit. Schreibe so: ich arbeite, ich arbeitete, …

Die 1. Vergangenheit (2)

Sprachstudio

1 Wie funktionierte die Zeitmaschine? Warum ist sie explodiert? Erkläre.

Die große Erfinderin Paula Pauline zeigt hier ihre Zeitmaschine.

Aus suchen wird suchte
und raubte aus rauben,
aus turnen wird turnte,
es ist kaum zu glauben.

Doch gestern, o Schrecken,
ist es passiert,
da ist die Maschine explodiert.
Pauline steckte trinken hinein,
und waschen auch noch
hinterdrein,
dazu lügen und sprechen –
da flog mit Krawumm
der Apparat in die Luft …
weißt du, warum?

2 Schreibe die Verben. Kennzeichne den Wortstamm und den Endbaustein.
Schreibe so:

Grundform	Gegenwart	1. Vergangenheit
such en	ich such e	ich such te

suchen – rauben – turnen – fühlen – erzählen – setzen

3 Schreibe die Verben. Achte auf den Wortstamm. Schreibe so:

Grundform	Gegenwart	1. Vergangenheit
frieren	ich friere	ich fror

frieren – sprechen – rufen – schwimmen – trinken

Du kannst Verben in die 1. Vergangenheit setzen. Beweise das mit den Verben: *malen, bauen, schreiben, rennen.*

Von Stichpunkten zum Bericht (1)

Schreibstudio

Für die Ausstellung „Wie es früher war“ wollen die Kinder der dritten Klasse jemanden einladen und befragen. Die Gruppe von Tim überlegt, wen sie befragen können.

Ich kann meine Oma fragen. Sie ist 65 Jahre alt.

Ich habe einen Uropa. Der weiß noch, wie es vor 80 Jahren war.

Unser Nachbar ist 72 Jahre alt. Er erzählt mir oft etwas. Ihn könnten wir einladen.

Die Klasse beschließt, Tims Uropa, Herrn Meißner einzuladen.

1 Welche Fragen werden die Kinder stellen? Sprecht darüber. Schreibt selbst gute Fragen auf.

Wann sind Sie geboren?

In welche Schule sind Sie gegangen?

?

2 Spielt vor, wie die Kinder die Fragen stellen. Überlegt auch, wie sie den Gast begrüßen und verabschieden könnten.

3 Herr Meißner besucht die Klasse. Nun beginnt das Interview. Vergleiche die Sätze mit den Stichpunkten. Schreibe die letzten Stichpunkte in dein Heft.

Guten Morgen, Herr Meißner. Wir freuen uns, dass Sie uns besuchen. Ich bin Anna. Wir wollen Ihnen Fragen stellen, wie es früher war.

Von Stichpunkten zum Bericht (2)

Herr Meißner, hatten Sie einen weiten Schulweg?

Wir wohnten auf dem Land.
Die Schule war 4 km weit weg.
Jeden Tag liefen wir eine Stunde dorthin.

Wie war Ihre Lehrerin?

Die war ganz nett. Aber in der 5. Klasse hatten wir einen strengen Lehrer.
Der verteilte sogar Tatzen, wenn wir nicht schön geschrieben haben – so ein Hieb mit einem dünnen Stock auf die Finger.

Gab es auch Mädchen in Ihrer Klasse?

Damals gab es für Jungen und Mädchen getrennte Klassen.
Die Schulzeit dauerte acht Jahre.

Was waren Ihre wichtigsten Fächer?

Wichtig war das Schönschreiben.
Und Turnen war ein ganz wichtiges Fach.

...

Stichpunkte

auf dem Land
4 km Schule
1 Stunde laufen

Lehrerin nett
5. Klasse: strenger Lehrer
Tatzen
dünner Stock

...

1 Verfasse einen Bericht über die Schulzeit von Herrn Meißner. Finde eine passende Überschrift.

2 Stelle deinen Großeltern, älteren Nachbarn oder Bekannten Fragen zu ihrer Schulzeit. Notiere Stichpunkte und verfasse einen Bericht.

4

Der Text soll über etwas berichten:

- Stehen im Bericht alle wichtigen Einzelheiten?
- Wird auf die Zeitform (1. Vergangenheit) geachtet?

12 Sprachwelten
Roboter Schlupp

Der Roboter Schlupp kommt vom grünen Stern Baldasiebenstrichdrei. Bei seiner Landung auf der Erde trifft er Beni.

1 Spielt die Szene, wie Beni den Roboter Schlupp trifft.
- Wie könnte sie weitergehen? Kommt noch jemand dazu?
- Hat Schlupp vielleicht ein „Übersetzungsprogramm“?
- Verstehen sich die beiden irgendwie anders?
- Überlegt in eurer Gruppe. Spielt die Szene vor.

Seid ihr in der Gruppe zu einem guten Ergebnis gekommen? War jeder für den Erfolg wichtig?

 Richtig schreiben 6 – Seite 120-125

So geht es in dem Buch „Schlupp vom grünen Stern“ weiter.

Sämtliche Anlagen Schlupps arbeiteten. Sie waren auf dreiundsiebzig baldaische Sprachen und vierhunderteinundzwanzig baldaische Dialekte programmiert, aber dieser „Dialekt“ war offensichtlich nicht dabei.
Alles Klicken und Klacken nützte nichts.
Schließlich sagt er: Schlupp wabuhabu,

was so viel heißt wie „Schlupp versteht nicht“.

1 Warum versteht Schlupp Beni nicht?
Ist es dir auch schon einmal so gegangen? Hast du jemanden nicht verstanden? Haben andere dich nicht verstanden? Erzähle.

Es gibt eine Gebärdensprache. Sie wird von Menschen gebraucht, die gehörlos sind.

ich — du — ich mag dich — mein — dein — wo

2 Denke dir weitere Gebärden aus.
Spiele sie deiner Partnerin oder deinem Partner vor.
Versucht, euch in der Klasse mit Gebärden zu verständigen.

Dialekt

1 Übersetze in deinen Dialekt.

2 Wie sagt man bei euch zu:

Junge Mädchen Fasching Brezel Brötchen Kartoffel

3 Im Dialekt haben die Wochentage oft besondere Namen. Wie heißen sie bei euch? Schreibt sie auf. Schreibt so: Montag: ...

Mit wem sprichst du Dialekt? Mit wem Hochdeutsch?

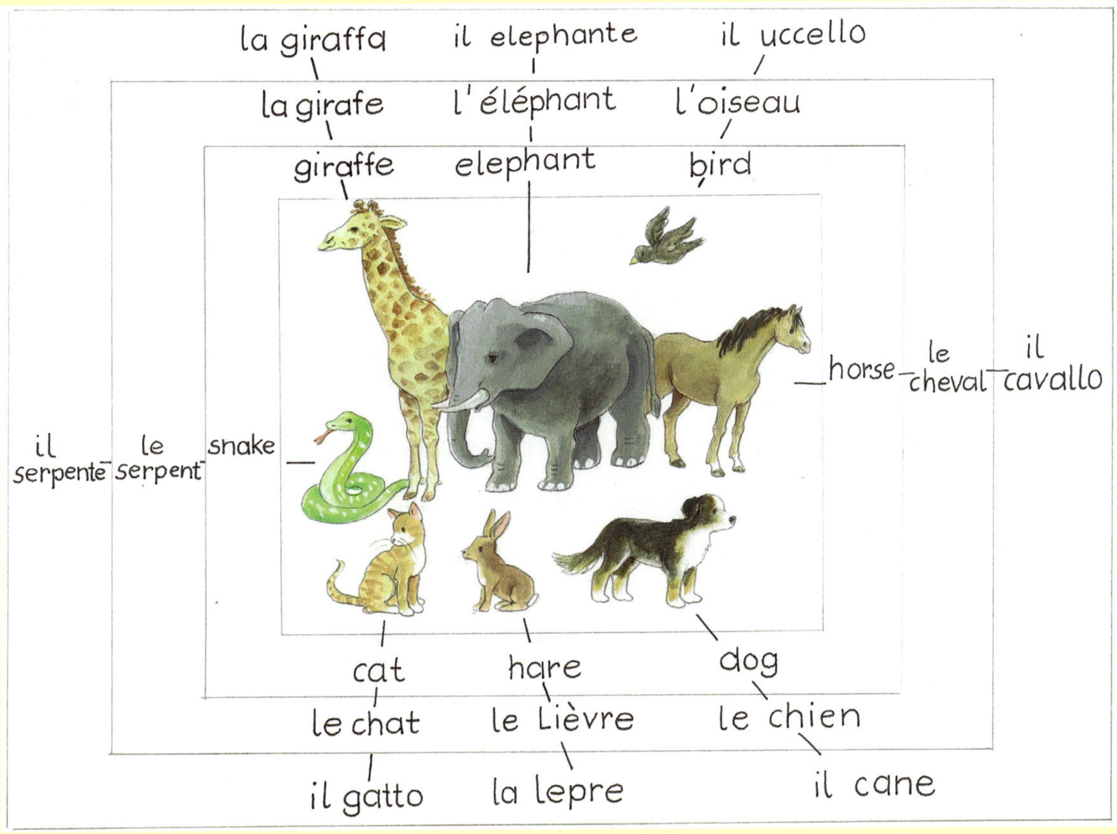

1 Hier findest du englische, französische und italienische Tiernamen. Schreibe für jeden Namen ein Wörternetz.

the hare (englisch)

la lepre (italienisch)

der Hase (deutsch)

le lièvre (französisch)

...

...

2 Kennt ihr noch Tiernamen in anderen Sprachen?

Warum ähneln sich manche Wörter aus verschiedenen Sprachen?
Ich denke, dass ... Ich erkläre mir das so ...

Eine Geschichte weiterschreiben

Schreibstudio

1 Gustav Gorky, ein anderer Außerirdischer, berichtet von seiner ersten Begegnung mit einem „Erdling". Lest die Geschichte. Sprecht darüber.

Ich scannte die Umgebung ab und erkannte unweit von mir ein quaderförmiges Gebäude.
Gerade als ich mich vorsichtig nähern wollte, traf ich auf meinen ersten Erdling. Er huschte direkt vor mir über die Wiese und erklomm eines der höheren Pflanzgewächse. Darauf blieb er sitzen. Ich zoomte ihn mit meinen Teleskop-Augen näher heran und betrachtete ihn genauer: Vier kurze Beine waren unten an seinem Rumpf, hinten besaß er einen längeren Schwanz, und sein ganzer Körper war behaart.

„Guten Tag, wie geht es Ihnen?", begrüßte ich ihn korrekt in der Sprache der Erdlinge.

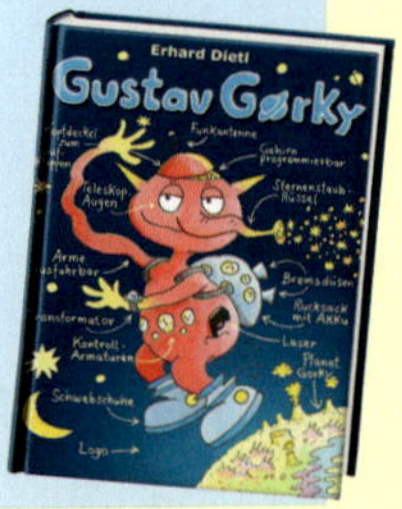

2 Welcher Irrtum ist hier Gustav Gorky unterlaufen?

3 Wie könnte die Erzählung weitergehen? Überlege mit einer Partnerin oder einem Partner.

4 Schreibt eure Geschichte auf. Schreibt abwechselnd.

Eine Fantasiegeschichte schreiben

1 Stell dir vor, du landest auf dem Planeten Pluso. Er ist von seltsamen Lebewesen bewohnt. Nimm dir Zeit und denke nach:

- Was siehst du?
- Wem begegnest du?
- Wie verständigst du dich?
- Was passiert?

Deine Geschichte soll den Leser unterhalten. Besprecht euch, was dafür wichtig ist.

2 Schreibe die Geschichte von deiner Landung auf dem Planeten Pluso. Schreibe spannend. Zeichne dazu.

3 Gestalte deine Geschichte mit Bildern, Farben und Instrumenten.

1 **Der Text soll den Leser unterhalten:**

- Ist die Geschichte fantasievoll und lustig erzählt?

Meine Heimat

Hier bin ich zu Hause

1 Mein Leben im Dorf und in der Stadt. Was weißt du darüber? Erzähle und vergleiche.

2 Wenn du dein Fenster zu Hause öffnest, was siehst du? Was hörst du? Erzähle und gestalte mit Instrumenten.

3 Male und schreibe über deinen Lieblingsplatz, an dem du dich zu Hause fühlst.

Richtig schreiben 7 – Seite 126-131

Kinder erzählen von ihrem Zuhause

„Servus!“ Mein Name ist Julia.
Ich komme aus Furth im Walde.
Bei uns in der Nähe gibt es eine
Drachenhöhle.
Ich fahre gerne Mountainbike und
gehe mit meinen Eltern wandern.

„Merhaba!“ Ich heiße Serap.
Meine Familie kommt aus der Türkei.
Ich bin in Nürnberg geboren.
Hier habe ich viele Freunde.
Besonders wichtig ist mir meine Familie.
Meine zweite Heimat ist die Türkei,
weil meine Großeltern dort leben.
Ich kann deutsch und türkisch sprechen.

„Griaß di Gott!“ Ich bin Ben und lebe in München.
Hier kann ich viel unternehmen.
Es gibt einen tollen Zirkus und das Deutsche Museum.
Ich spiele Basketball in einem Verein.
Wir trainieren jede Woche.

1 Wer oder was gehört für dich zu deiner Heimat? Erzähle und begründe.

2 Befrage deine Eltern oder Großeltern. Was können sie über ihre Heimat erzählen? Mache dir Notizen und berichte.

Endbausteine für Adjektive

1 Verwandle die Nomen in Adjektive. Schreibe so: der Wind – windig, ...

2 Kennzeichne die Endbausteine der Adjektive aus Aufgabe 1.

3 Verwandle die Nomen in Adjektive. Schreibe so: das Glück – glücklich, ...

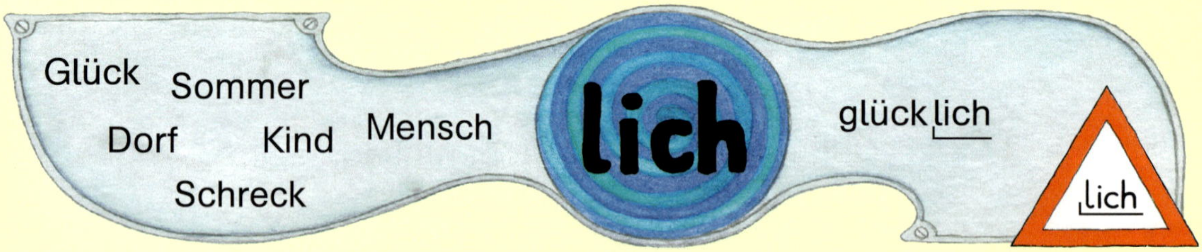

4 Kennzeichne die Endbausteine der Adjektive aus Aufgabe 3.

5 Vervollständige die Sätze. Verwandle die Nomen in Adjektive. Schreibe.

- ▶ Achtung! Der Hund ist ... (der Biss)
- ▶ Danke! Das ist sehr ... (der Freund)
- ▶ Pommes sind sehr ... (das Fett)
- ▶ Iss nicht die Vogelbeeren! Sie sind ... (das Gift)
- ▶ Max spielt gut Basketball. Er ist sehr ... (der Sport)

Endbausteine für Nomen

1 Verwandle die Adjektive und Verben in Nomen. Schreibe so:

krank – die Krankheit, ...

2 Kennzeichne die Endbausteine der Nomen.

Wörter mit den Endbausteinen ung, heit, keit sind immer Nomen.

3 Bilde mit jedem Nomen aus der Aufgabe 1 einen Satz.

Du kannst Adjektive und Verben sicher in Nomen verwandeln.
Beweise es mit den Wörtern: *neu, üben, flüssig.*

Ein Heimat-Leporello planen

Schreibstudio

Die Kinder der Klasse 3a gestalten ihr persönliches Heimat-Leporello.

1 Mit einem Cluster halten sie ihre Gedanken fest und planen ihr Leporello. Lies das Cluster von Anna.

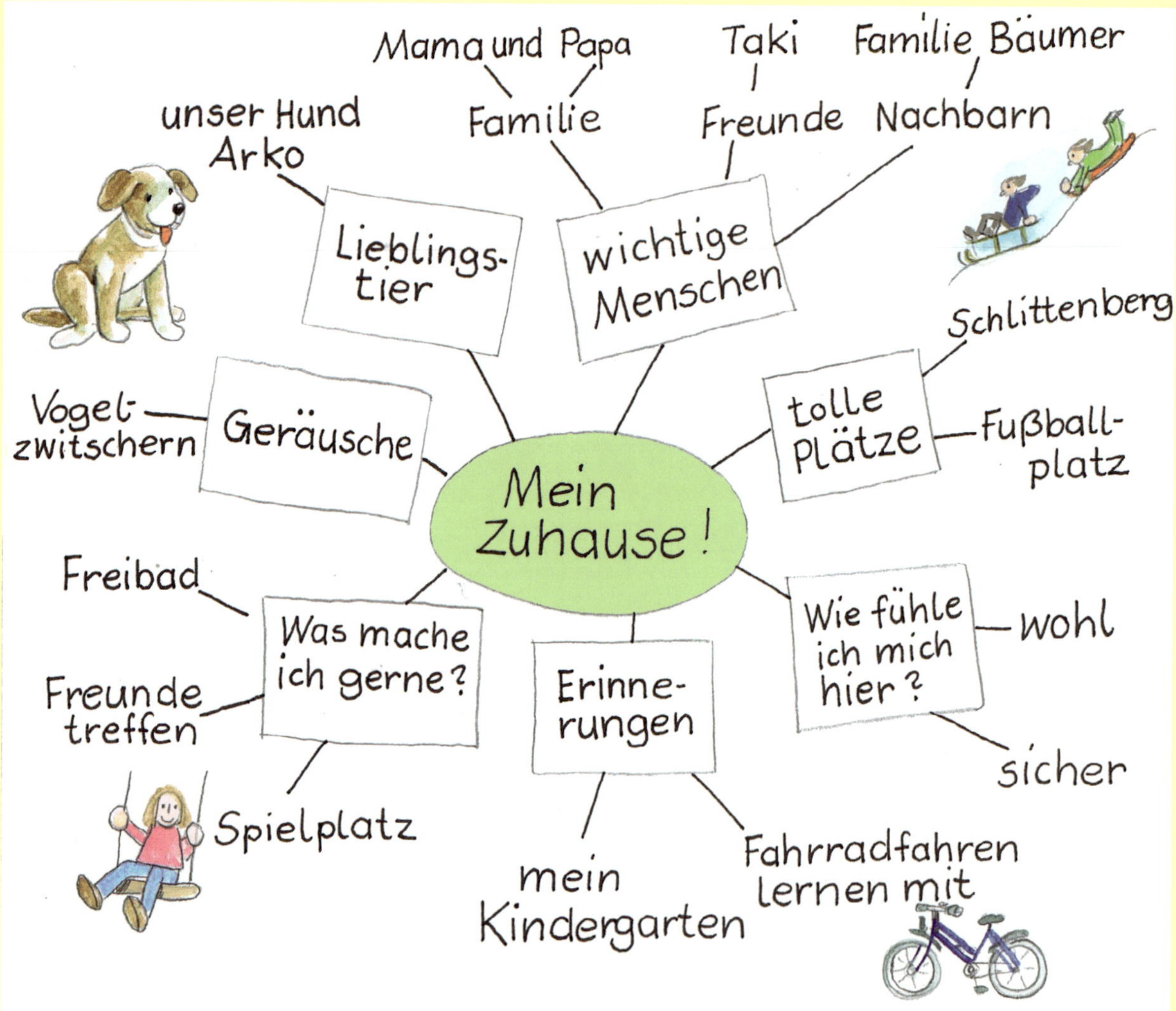

2 Plane dein Heimat-Leporello mit dem Cluster.

Ein Heimat-Leporello erstellen

Schreibstudio

1 Schreibe dein Heimat-Leporello. Gestalte es mit Fotos, Zeichnungen, Plänen, Prospektmaterial, Bildern aus dem Internet.

2 Stellt eure Heimat-Leporellos in der Schule oder im Rathaus aus.

Auf in die Ferien!

Besondere Reiseziele

1 Welches Reiseziel suchst du dir auf dieser Landkarte aus?

2 Informiere dich über dieses Reiseziel:

- Kennst du ein passendes Buch? Lies nach.
- Berichte deinen Mitschülerinnen und Mitschülern, wie es an diesem Ferienort aussieht. Male dazu.
- Wer wohnt dort? Wen willst du treffen? Was könntest du dort erleben?
- Womit reist du dorthin? Wen nimmst du mit?

 Richtig schreiben 7 – Seite 126-131

3 Was ist deine Lieblingsfigur in Büchern? Wo wohnt sie? Wie sieht es dort aus? Gibt es eine besondere Musik oder besondere Geräusche? Male, schreibe und gestalte.

Wortarten (Wiederholung)

Sprachstudio

1 Du kennst die Beweise für die Wortarten. Ordne die Ferienwörter nach Nomen, Verben und Adjektiven in drei Spalten.

Schreibe so: Nomen ▲ Verb ● Adjektiv ▲

Nomen	Verb	Adjektiv
Sonnenschirm	...	...

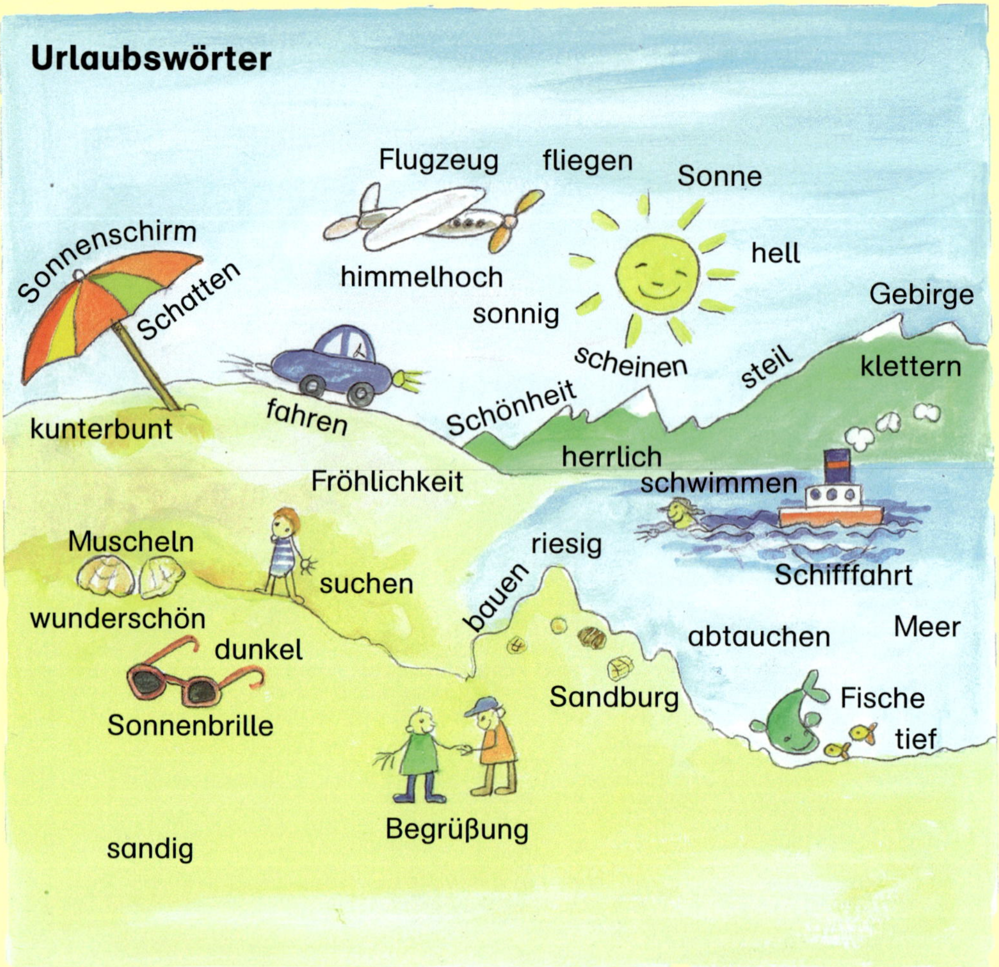

Ordne die Wörter nach Nomen, Verben und Adjektiven. Der Wortartenbaum (Seite 156/157) hilft dir.

SANDBURG — BLATT — ECKIG — BURG — DRÜCKEN

GEBIRGE — BIEGEN — SAUBER — GLÜCKLICH

OMNIBUS — BIEGUNG — DICK — PLATZEN — GEPÄCK

ERHOLUNG — FERIEN — LUSTIG

Satzarten (Wiederholung)

1 Bilde Sätze, die „sagen“, wie sich die Personen auf ihre Reise vorbereiten. Schreibe so: Sina kauft die Sonnencreme. Suse …

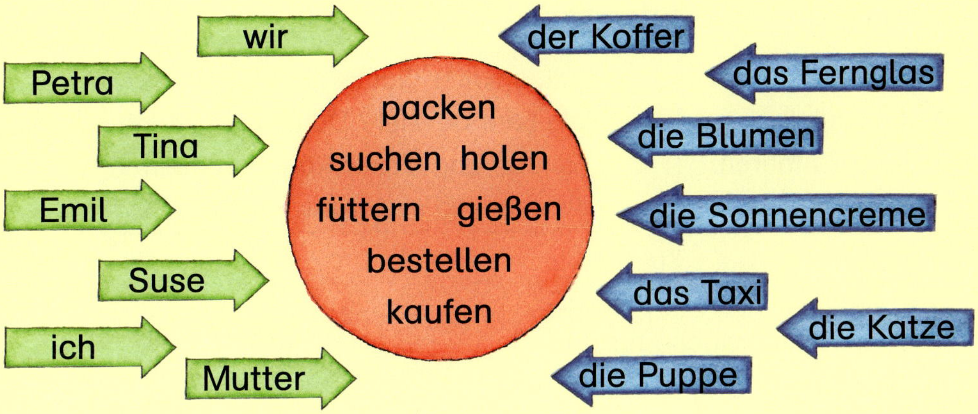

Sätze fangen groß an ↑.
Nach einem Aussagesatz steht ein Punkt .

2 Bilde selbst Aussagesätze mit den Verben.

waschen — ordnen — finden — bringen

3 Mutter fragt, ob jeder das Richtige tut. Bilde Fragesätze.
Schreibe so: Kauft Sina die Sonnencreme?

Nach einem Fragesatz steht ein Fragezeichen ?.

4 Vater wird ungeduldig. Er muss jeden auffordern, den Auftrag zu erledigen.
Schreibe so: Kaufe die Sonnencreme!

Nach einem Aufforderungssatz steht ein Ausrufezeichen !.

Eine Geschichte spannend beginnen (1)

Schreibstudio

1 Der Anfang einer Geschichte soll den Leser fesseln.
Vergleiche die beiden Textanfänge.

„Die Ferien haben gerade angefangen. Da beschließe ich, nach Lummerland zu fahren. Ich packe meine Koffer ...“

„Alles voller Qualm! Was war das? Wo kam der her? Durch das offene Fenster zog dicker Rauch in mein Zimmer. Ich raste ans Fenster ...“

2 So fangen Schriftsteller ihre Geschichten an. Was ist ihre gute Idee?

„Das Land, in dem Lukas der Lokomotivführer lebte, hieß Lummerland und war nur sehr klein. Es war sogar ganz außerordentlich klein im Vergleich zu anderen Ländern wie zum Beispiel Deutschland oder Afrika oder China. Es war ungefähr doppelt so groß wie unsere Wohnung ...“

„Nachts, im Mondschein, lag auf einem Blatt ein kleines Ei ...“

„Mitten in der Nacht wachte Marie auf und lief hinunter ins Schlafzimmer von Vater und Mutter. Sie kletterte ins Elternbett und legte sich auf die Mutter. „Mama, da ist ein Geräusch“, sagte sie, „es könnte eine Elfe oder ein Einbrecher sein, der uns unsere Sachen wegnehmen will. Oder vielleicht ist es der Ekelzwerg oder das Gespenst.“ ...

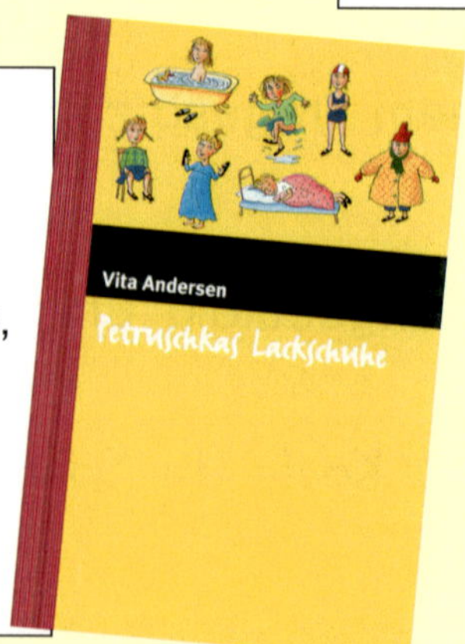

Untersuche Bücher, die du gelesen hast, wie sie beginnen.
Stelle in der Klasse gute Anfänge vor.

Eine Geschichte spannend beginnen (2)

1 Deine Anfangsidee  soll schon mit deinem „Reiseziel“ zu tun haben. Hier sind Anfangsideen. Erzähle. Schreibe zu einem Bild den Anfang.

So hat Jan seinen Anfang zu Bild 4 geschrieben:

„Gerade will ich mein Joghurt aus dem Kühlschrank holen. Ich öffne die Tür und schlage sie erschrocken zu. Was ist denn das? Das kann doch nicht sein! Noch einmal öffne ich langsam die Tür. Tatsächlich! Da blinzeln mich zwei blaue Augen an …“

2 Besprecht: Was ist Jan gut gelungen? Was macht den Anfang spannend? Wo schreibt Jan, was er denkt und fühlt?

3 Schreibe nun deine Reisegeschichte. Versuche, den Anfang besonders spannend und interessant zu gestalten.

Leuchtet in eurer Geschichte an, wo ihr über eure Gefühle etwas geschrieben habt. Lest diese Stellen vor.

Richtig schreiben 1
Das Alphabet – Vokale und Konsonanten

1 Die Buchstaben sind im Alphabet geordnet. Lerne das Alphabet auswendig.

2 Fünf Laute klingen im Alphabet selbst. Sie heißen Vokale.
Ein Vokal klingt nicht immer gleich. Sprich die Wörter. Vergleiche den Klang der Vokale. Schreibe die Wörter.

Abend, Ast, Nacht, Nase, Hals, Affe,
Erde, Eltern, Berg, Nebel, Geld, Wege
Igel, Fisch, Indianer, Tiger, Licht, Pilz
Ofen, Boden, Loch, Dorf, Woche, Polizei
Ufo, Luft, Fuchs, Bruder, Zug, Turban

3 Die anderen Laute im Alphabet heißen Konsonanten. Manche klingen ähnlich. Sprich deutlich. Schreibe die Wörter.

backen – packen	Garten – Karten	danken – tanken
Seide – Seite	Ende – Ente	singen – sinken
Gasse – Kasse	Gabel – Kabel	Gebäck – Gepäck
Mandel – Mantel	leiden – leiten	bekleiden – begleiten
Rad – Rat	Enkel – Engel	Boden – Boten

4 Bilde mit jedem Wort aus Aufgabe 3 einen Satz.

Schreibe Wörter mit harten und weichen Konsonanten aus der Wörterliste (Seite 145-154) oder dem Wörterbuch geordnet auf.

Umlaute und Zwielaute

1 Aus den Vokalen a, o, u können Umlaute werden. Schreibe die Nomen in der Einzahl und Mehrzahl. Kennzeichne die Umlaute ä, ö, ü.

der Vogel →	die Nacht →	das Buch →
der Hals →	der Saft →	der Arzt →
der Ast →	der Fluss →	der Mann →

Umlaute sind: ä, ö, ü.

2 Schreibe die Wörter. Achtung: Zwei Wörter schreibt man mit ai. Kennzeichne au, eu, ei, ai.

Ein Zwielaut ist ein Laut aus zwei Vokalen.
Zwielaute sind: au, eu, ei, ai.

Wörter mit **ai** muss ich mir merken.

So merke ich mir Wörter:
- in vielen Farben schreiben
- Bilder dazu malen
- ein Lernplakat gestalten

3 Aus dem Zwielaut au kann der Umlaut äu werden. Schreibe und kennzeichne äu.

ein Traum → viele	ein Raum →	ein Strauß →
ein Zaun → viele	ein Bauch →	ein Strauch →
eine Braut → viele	ein Kraut →	ein Schlauch →
eine Haut → viele	eine Faust →	eine Laus →

Deutlich sprechen

1 Schreibe die Nomen mit Artikel.

Schreibe so: der Wagen, ...

2 Schreibe die Verben in der ich-Form und in der wir-Form.

Schreibe so: ich schenke – wir schenken, ...

Ist dir die Aufgabe gelungen?
Konntest du so deutlich mitsprechen, dass alle Wörter richtig waren?
Welche Laute oder Buchstaben musst du noch üben?

3 Lies den Text langsam und deutlich. Nutze den Mitsprechtipp.

Bei uns ist jeder wichtig

Max hilft oft und gerne.
Lena löst für uns schwere Aufgaben.
Selina ist lustig und hat gute Laune.
Julian schaut nach unseren Pflanzen.
Quirin wischt die Tafel sauber.
Ines malt schöne Bilder.

4 Lass dir den Text von einer Partnerin oder einem Partner diktieren. Kontrolliert gemeinsam.

Silbe und Silbenkern

1 Sprich die Reime in Silben. Begleite sie mit Instrumenten.

Tauchanzug und grüne Flossen,
mit vielen blauen Sommersprossen,
Rüsselnase, rotes Haar,
das ist wirklich wunderbar.

Drei Hörner wachsen auf dem Kopf,
sie stinken wie ein Wiedehopf,
spitze Zähne, grüne Haut
nur sind so gut gebaut.

2 Schreibe die Nomen in Silben. Kennzeichne in jeder Silbe den Vokal, Umlaut oder Zwielaut. Schreibe so: Flos-sen, ...

Flossen — Nase — Rosenkohl — Wunschmaschine — Gräten — Müll —

Schmuddelfing — Regenwürmer — Schleimeschlamm — Taschenbier —

In jeder Silbe ist ein Vokal, Umlaut oder Zwielaut.
Es ist der Silbenkern.

3 Diese Verben und Adjektive passen auch zum Sams oder zu den Olchis. Schreibe sie in Silben auf. Kennzeichne die Silbenkerne.

wünschen — fressen — reimen — frech — verwandeln —

kugelrund — rostig — matschen — schmuddelig — stinken —

schlafen — müde — riechen — faulig — schimmelig — seltsam —

4 Reime zu einer Figur aus deinen Büchern.

Lernkartei: Wörter mit X/x, Qu/qu, C/c, Ch

Rechtschreibstudio

1 Lege dir eine Lernkartei an:

1. Nimm eine Karteikarte. Schneide rechts oben eine Ecke ab.
2. Schreibe einen Lückensatz ohne das Übungswort.
3. Drehe die Karte um. Schreibe das Übungswort.

Du kannst auch mehrere Wörter mit der gleichen Schwierigkeit auf eine Karte schreiben.

Lege diese Karteikarten an:

Vorderseite	Rückseite
So ein ___. Die Frösche ___.	Qualm quaken
Ich bestelle ein ___. Ich lese den ___.	Taxi Text
Ein Euro hat 100 ___. Ich schreibe auf dem ___.	Cent Computer
Ein ___ ist fromm. Viele Kinder singen im ___.	Christ Chor

2 So übst du mit der Karteikarte:

1. Lies den Satz.
2. Sprich das Übungswort deutlich und in Silben.
3. Schreibe das Wort und kontrolliere.

3 So übst du mit der Lernkartei: 1, 2, 3 und Ziel.

1. Wenn du das Übungswort richtig geschrieben hast, darf die Karte ins nächste Fach.
2. Übe, bis alle Karten im Ziel sind.
3. Prüfe deine „Zielwörter" ab und zu, ob du sie noch schreiben kannst.

1 Schreibe das Alphabet in Großbuchstaben. Kennzeichne die Vokale.

2 Schreibe die Nomen mit Artikel. Kennzeichne die Zwielaute.

3 Schreibe die Verben in der ich-Form. Kennzeichne die Zwielaute.

4 Schreibe die Nomen in der Mehrzahl.

der Zaun — der Raum — der Strauß — der Bauch — die Laus — der Traum —

5 Schreibe den Text ab.

Ein stachliger Besuch

Es wird schon dunkel.
Emil ist noch im Garten.
Da hört er etwas unter einem Strauch.
Ganz laut schnauft und schnarcht es.
Emil sucht im dichten Gebüsch.
Da blinzelt ein Igel Emil an.
Was sucht er in der Erde?
Er findet dort Würmer und Engerlinge.
Die sind seine Leibspeise.

6 Lass dir einen Textabschnitt oder den ganzen Text von einer Partnerin oder einem Partner diktieren. Kontrolliert gemeinsam.

Richtig schreiben 2
1. Silbe: offen oder geschlossen?

1 Schreibe die Nomen auf Kärtchen. Zeichne die Silbenbögen ein.

Tüte Hütte Käfig Löwe Tanne

Wurzel Tante Tube Teller Name

2 Kennzeichne auf den Kärtchen aus Aufgabe 1 den Vokal oder Umlaut in der ersten Silbe. Zerschneide die Wortkärtchen in Silben.

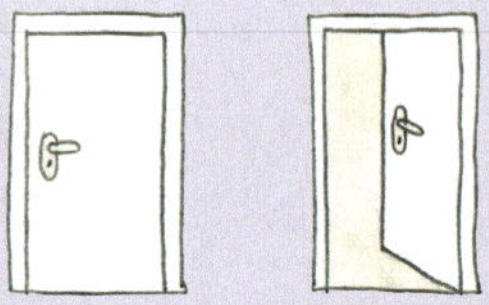
Hüt-te Hü-te

Die erste Silbe ist geschlossen:
Sie endet mit einem Konsonanten.
Die erste Silbe ist offen:
Sie endet mit einem Vokal oder Umlaut.

3 Schreibe die Nomen aus Aufgabe 1 geordnet auf. Schreibe so:
erste Silbe geschlossen: die Hüt-te, ...
erste Silbe offen: die Tü-te, ...

4 Ordne auch diese Nomen nach offenen und geschlossenen Silben. Schreibe wie in Aufgabe 3.

 die Tinte  der Boden die Türen  der Wagen 

die Nase   das Zimmer  der Himmel  der Mantel

Kannst du offene und geschlossene Silben unterscheiden? Was hilft dir dabei?

Menschen Schule Kämme Kino Späße Teller

Wörter trennen und r hörbar machen

1 Schreibe die passenden Nomen mit Artikel auf. Achtung: In jedem Wort steckt ein r .

die  der  die 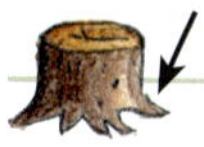 die  der 

2 Trenne die Nomen von Aufgabe 1 die Silbenbögen. Kennzeichne r am Ende der 1. Silbe.

In manchen Wörtern hört man das **r** kaum.

Sprich sie deutlich und in Silben. Dann hörst du das **r**.

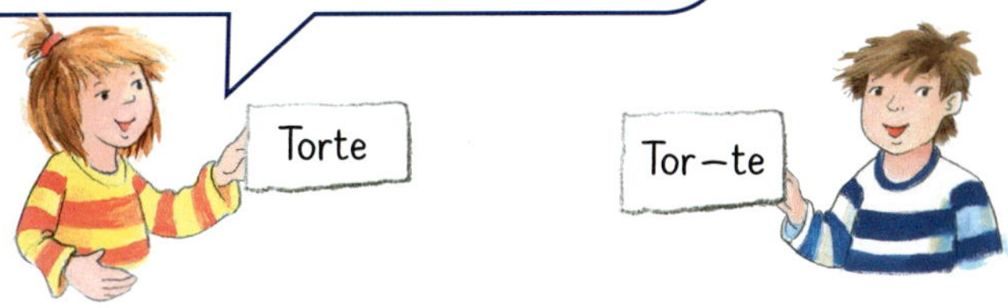

3 Schreibe die Wörter in Silben getrennt auf. Kennzeichne r am Ende der 1. Silbe. Schreibe so: ler -nen, ...

lernen — merken — turnen — werfen — warten — morgen

4 Setze die Nomen in die Mehrzahl. Kennzeichne r am Ende der 1. Silbe. Schreibe so: die Wür -mer, der Wurm, ...

der Wurm — der Arm — das Dorf — der Kern

der Turm — die Tür — das Korn — der Sturm — die Burg

5 Setze die passenden Wörter ein. Schreibe die Sätze auf. Kennzeichne r.

Ben spielt sehr ___ Fußball mit seinen Freunden.
Seine Mannschaft ist sehr ___.
Gestern konnten sie nur ___ spielen.
Morgen ___ das Spiel wieder länger dauern.

stark
kurz
gern
wird

Schreibe fünf Wörter auf, in denen du das r durch Trennen hörbar machen kannst. Kennzeichne r.

Zusammengesetzte Nomen

1 Diese Maschinen setzen immer zwei Nomen zusammen. Schreibe die zusammengesetzten Nomen auf. Achte auf die Nahtstelle und kennzeichne sie.

2 Aus welchen Wörtern sind diese Nomen zusammengesetzt? Achte auf die Nahtstelle und kennzeichne sie.

Schreibe so: das Schlüsse<u>ll</u>och: der Schlüssel + das Loch, ...

Kein Buchstabe darf verlorengehen.

das Schlüsselloch — der Laubbaum — der Türrahmen — das Motorrad — das Spinnennetz — die Tannennadel — die Handtasche — das Handtuch — der Wandteppich

3 Erkläre vier zusammengesetzte Nomen aus Aufgabe 1 in einem Satz.
Schreibe so: Ein Blumentopf ist ein ...

Bilde vier zusammengesetzte Nomen. Kennzeichne die Nahtstelle.

Gras + Samen   König + Sohn   Kerze + Licht   Menschen + Menge.

Wortfamilien

1 Bilde aus den Wortbausteinen Wörter.
Kennzeichne die Wortbausteine. Schreibe so: vor tanz en, ...

Bausteine für den Wortanfang

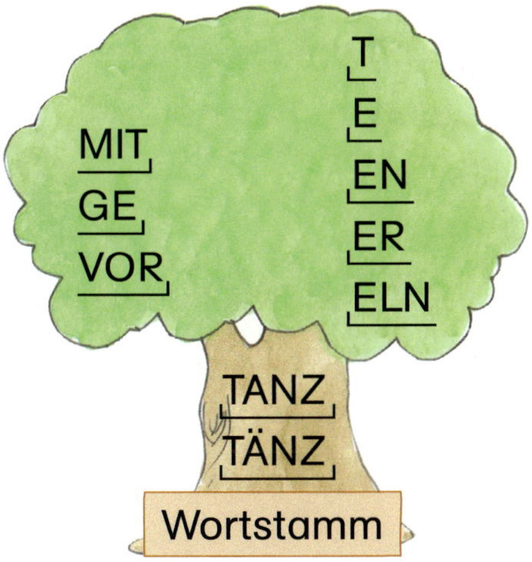

Bausteine für das Wortende

2 Schreibe diese Wörter zur Wortfamilie tanzen auf.

SEIL
FREUDE

TANZ | TANZ

SCHULE
SCHUHE

3 Ordne die Wörter nach ihren Wortstämmen kauf, raub, wachs.
Kennzeichne den Wortstamm. Schreibe so: kauf: ein kauf en, ...

einkaufen — wachsen — ausrauben — das Gewächs — das Kaufhaus — der Räuber — er raubt — erwachsen — der Käufer

4 Schreibe den Text ab. Setze die passenden Wörter ein.

Daria ___ mit dem Zug zu ihrer Oma.
Die ___ kostet 8 Euro.
Am Bahnsteig schaut sie auf den ___.
Sie kann dort lesen, von welchem Gleis ihr Zug ___.
Die ___ beträgt 30 Minuten.

Fahrt — Fahrplan — Fahrzeit — abfährt — fährt

5 Lass dir den Text von einer Partnerin oder einem Partner diktieren.
Kontrolliert gemeinsam.

Abschreibtipp für Sätze

1 Lies die beiden Texte.

Es ist jetzt dunkle Nacht.
Der Mond steht voll und rund am Himmel.
Nina und Mücke sehen aus dem Fenster.
Sie träumen vom Weltall.

Nina und Mücke sitzen vor der Waschmaschine.
Das ist wie im Kino.
Das Wasser schäumt in tausend Luftblasen.
Sie stellen sich viele Abenteuer vor.

Abschreibtipp: So schreibst du Sätze ab.

1. Lies und sprich den Satz genau. Worauf achtest du besonders?
2. Decke so viele Wörter zu, wie du dir merken kannst.
3. Schreibe jedes Wort und sprich leise dazu.
4. Kontrolliere, ob alle Wörter richtig geschrieben sind.

2 Schreibe einen Text von Aufgabe 1 ab. Beachte den Abschreibtipp.

3 Im Text sind Fehlerwörter unterstrichen. Kannst du sie korrigieren? Schlage die unterstrichenen Wörter nach. Schreibe den Text richtig ab.

Es ist schönes wetter.
Nina und Mücke kehren den Weg im Gaten.
Der Wind weht den staub davon.
Nina und Mücke wüden so gerne mitfliegen.

Welche Tipps (Seite 142–143) helfen bei den Fehlerwörtern?

1 Schreibe die Nomen auf. Zeichne die Silbenbögen ein.
Kennzeichne die Vokale oder Umlaute in der ersten Silbe.

Farbe — Käfer — Himmel — Dame — Eltern

Erde — Wagen — Tüte — Rasen — Kasse

2 Ordne die Nomen aus Aufgabe 1. Schreibe so:
1. Silbe offen: ...
1. Silbe geschlossen: ...

3 Bilde mit den Nomen aus dem ersten und zweiten Kasten sinnvolle neue Nomen. Kennzeichne die Nahtstelle.

der Finger	die Puppe
die Hand	das Fest

der Ring	die Tasche
der Tag	der Wagen

4 Schreibe die Wörter der Wortfamilie ab. Kennzeichne die Wortbausteine.

wegräumen — räumlich — abräumen — der Zwischenraum — aufräumen

5 In jedem Satz ist ein Fehler versteckt. Schreibe den Text richtig ab.
Denke an den Abschreibtipp.

Nina und ihr kleiner Bruder
gehen in den keller.
Sie wolen ein Glas Marmelade holen.
plötzlich geht das Licht aus.
Sie spüren einen kaltn Luftzug.

Richtig schreiben 3

Betonte Vokale: kurz oder lang? (1)

Im Winter brauche ich einen .

Das Flugzeug fliegt schneller als der .

In  und  hörst du die gleichen Laute klingen:

Sch a l

1 Sprecht deutlich und hört genau hin.
Worin unterscheiden sich die beiden Wörter beim Sprechen?
Wie zeigt ihr den Unterschied in der Schreibweise?

2 Wo klingt der betonte Vokal kurz [.]? Wo klingt er lang [_]? Schreibe die Wörter geordnet auf. Kennzeichne die Vokale.

Brille

Hose

Löwe

Mantel

Hut

Blume

Schlüssel

Esel

Teller

Gabel

Messer

Wolke

> Nach einem kurzen Vokal stehen immer zwei Konsonanten.
> Oft kommt ein Doppelkonsonant.

3 Suche Wörter mit langem oder kurzem betonten Vokal oder Umlaut in der Wörterliste (Seite 145-154) oder im Wörterbuch. Schreibe sie geordnet auf. Kennzeichne die Vokale mit [.] oder [_].

Betonte Vokale: kurz oder lang? (2)

1 Lies die Sätze. Höre bei dem Bild-Wort auf den betonten Vokal. Kennzeichne den betonten Vokal mit [.] oder [–], Kennzeichne die Konsonanten mit [xx] oder [x]. Schreibe so: Lisa hat viele Hüte. ...

Lisa hat viele H  .

Im Wald steht eine H  .

Am Fluss wohnen R  .

Das Auto zahlen wir in R  .

Im Wagen liegt die P  .

Ich untersuche etwas mit der L  .

Ich trinke aus der T  .

Blumen gehören in eine V  .

2 Wählt euch in der Gruppe ein Werkzeug aus (Seite 106). Untersucht damit die Nomen. Schreibt jedes Wort auf eine Karte. Ordnet die Wörter. Kennzeichnet mit [.xx] oder [–x].

Zimmer  König  Nase  Boden  Winter 

Wetter  Steine  Löffel  Wagen  Tasse 

Käfer  Tante  Koffer  Käfig  Schale 

3 Schreibe alle Verben in der ich-Form und er-Form. Kennzeichne mit [.xx] oder [–x].

kommen – schwimmen – stellen – sausen – lassen – malen

fallen – reden – können – müssen – teilen – starten

4 Suche Verben in der Wörterliste (Seite 145-154) oder im Wörterbuch. Kennzeichne sie mit [.xx] oder [–x].

Kannst du lange und kurze Vokale unterscheiden? Was hilft dir dabei?

Geschlossene und offene Silben

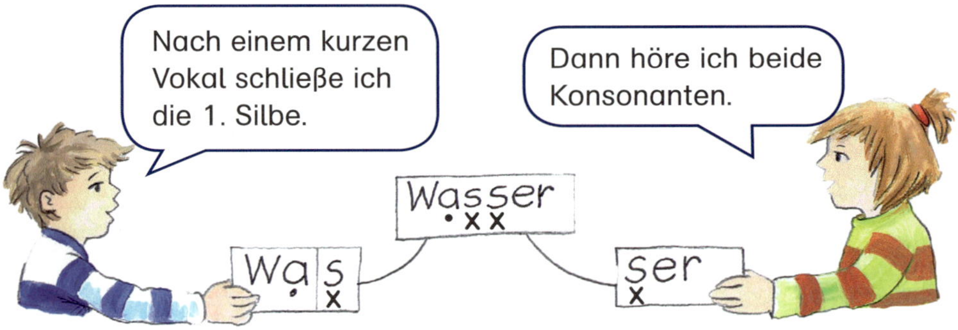

1 Sprich und schreibe in Silben. Kennzeichne den kurzen Vokal und den Konsonanten, der die Silbe schließt. Schreibe so: Was-ser, ...

Wasser — Zimmer — schwimmen — schenken — tanken — fallen — helfen

Treppe — essen — Finger — Kanne — flüssig — Hefte — können

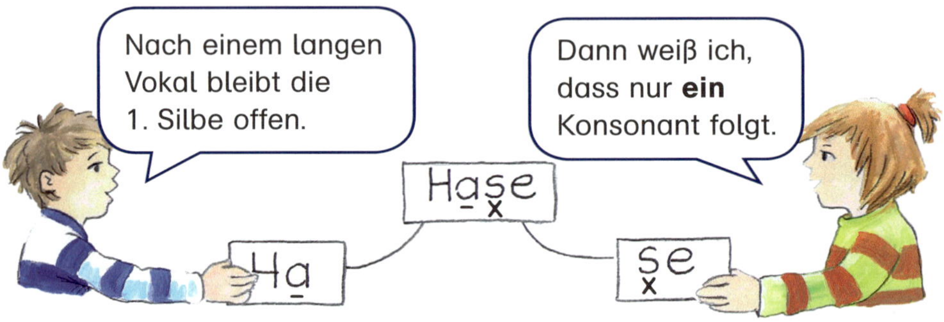

2 Sprich und schreibe in Silben. Kennzeichne den betonten Vokal mit . oder _.

3 Diese Wörter kannst du nicht trennen. Du musst sie verlängern: △. Schreibe so: der Kamm ↝ die Käm-me, ...

Kamm — Mann — Kuss — Schloss — Stoff — Fluss

Pass — Riss — Stall — Fall — Blatt — Heft — Wald

ie klingt immer lang

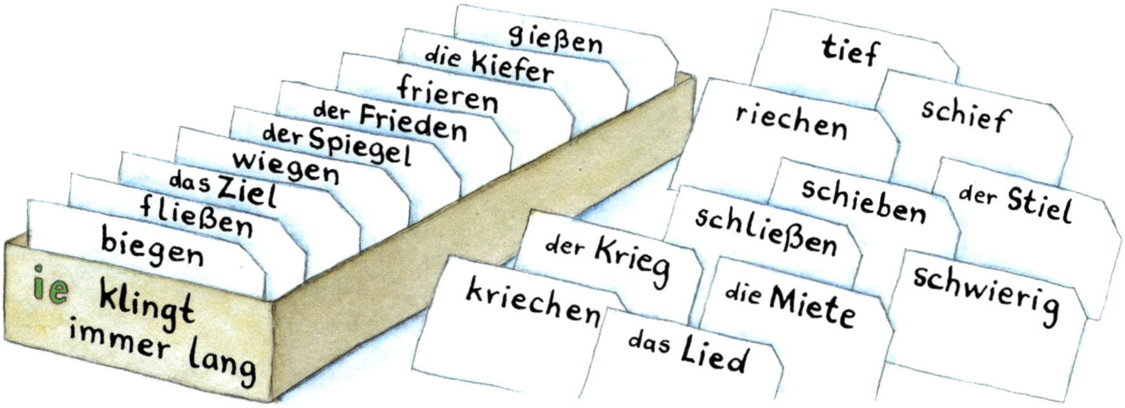

1 Ordne die Wörter mit ie. Kennzeichne ie. Schreibe so:

▲ Nomen: der Brief, ...
● Verben: wir riechen, ...
▲ Adjektive: tief – tiefer, ...
Sonstige: ...

2 Trenne die Wörter aus Aufgabe 1. Kennzeichne ie. Einige Wörter musst du dazu zuerst verlängern.
Schreibe so: Brie-fe, ...

ie steht oft am Ende der 1. Silbe.

3 Schreibe den Spiegel-Text:

He, du im Spiegel!
Ich rieche. Du riechst auch.
Ich liege. Du ___ .
Ich krieche. Du ___ .
Ich spiele. Du ___ .
Ich friere. Du ___ .

Suche Wörter mit ie in der Wörterliste (Seite 145–154) oder im Wörterbuch. Trenne sie und kennzeichne ie.

Kurze und lange Vokale unterscheiden

Rechtschreibstudio

mit einem Ball

Suppe Lupe

mit einem Instrument

Suppe Lupe

mit den Händen

Suppe Lupe

1 Mit welchem Werkzeug arbeitest du? Probiere mit den Wörtern verschiedene Möglichkeiten aus. Schreibe die Wörter und kennzeichne den betonten Vokal mit [.] oder [_].

Trommel  biegen Wal  Robbe  Rübe 

wann dann Wippe  Zwiebel  Schere 

Bagger  spielen Mutter  finden Riese 

denn Treppe  Quelle  Berg  Winter 

2 Lies die Wörter. Schreibe mit jedem Wort einen Satz.

raten – Ratten Hasen – hassen Gasse – Gase
wenn – wen Haken – hacken Robe – Robbe

3 Der betonte Vokal steckt immer im Wortstamm. Schreibe die Wörter. Kennzeichne den betonten Vokal mit [.] oder [_].

vergessen – bekommen – verlieren – zusammen – Gewitter – beschenken – verkaufen – gehören – Zwillinge

1 Schreibe die Wörter. Kennzeichne den betonten Vokal mit [.] oder [_].

Schatten Regen Spiegel Gabel Äpfel Bett Tür

2 Schreibe die Nomen. Kennzeichne mit [.xx] oder [_x].

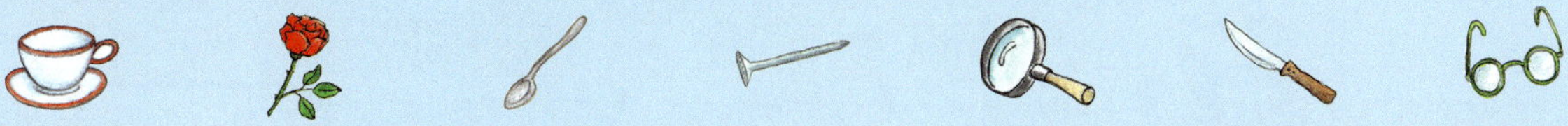

Tasse Rose Löffel Nagel Lupe Messer Brille

3 Schreibe die Verben in Silben.

schwimmen lesen essen reiten rufen

4 Verlängere die Wörter und schreibe sie in Silben.

Heft Brief Tier Schloss bunt Saft Tor

5 Trenne die Wörter und kennzeichne **ie**.

verlieren schieben schwierig Zwiebel geschrieben

6 Übe die Sätze. Lass dir einige davon von einer Partnerin oder einem Partner diktieren. Kontrolliert gemeinsam.

Kaufen Sie!
Mit diesem Koffer kann jeder fliegen.
Dieser Koffer kann allein verreisen.
Das ist ein Ball, der immer ins Tor trifft.
In diesem Zimmer scheint immer die Sonne.
Diese Puppe macht alle Hausaufgaben.

Wie viele Sätze möchtest du in der Woche richtig schreiben?
Wie übst du sie?

Richtig schreiben 4
Häufige Wörter

Diese kleinen Wörtchen schreibst du oft in deinen Texten.

Bei den angeleuchteten Wörtern musst du aufpassen.

Lupenstellen sind Aufpassstellen.

1 Schreibe die angeleuchteten Wörter und kennzeichne die Lupenstellen.

2 Schreibe alle angeleuchteten Wörter mehrmals mit verschiedenen Farben.

3 Schreibe die Sätze mit passenden Wörtern auf.

bin — sehr — nie — bist — oft — wieder

Ich ___ bei meinem Freund Max.
Wir spielen ___ zusammen.
Ich mag Max ___ gerne.
Wir streiten fast ___ .
Heute spielen wir ___ Ball.
Max ruft: „Du ___ ein guter Werfer, Leo!“

4 Übt alle Wörter aus Aufgabe 3 in der Gruppe.

Schreibt jedes Wort auf ein Kärtchen.

Legt die Kärtchen verdeckt auf den Tisch. Zieht abwechselnd ein Kärtchen.

Lest das Wort und bildet einen Satz.

Schreibt alle das Wort auf.

Kontrolliert.

Wörter mit ck

1 Lest den Vers. Sprecht ihn leise, laut, mit hoher und tiefer Stimme. Begleitet mit passenden Instrumenten. Bewegt euch dazu.

Wenn Schnecken
um die Ecken gucken,
strecken sie die Hörner aus.
Wenn dann die Schnecken
sich erschrecken,
verstecken sie sich
schnell im Haus.

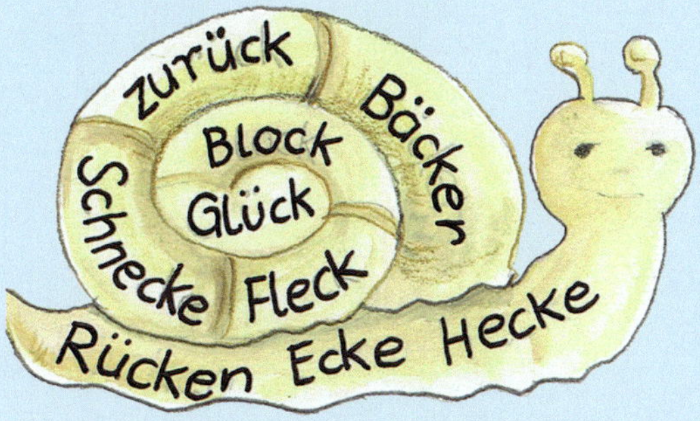

2 Schreibe alle Wörter aus der Schnecke in Aufgabe 1 auf. Untersucht in allen Wörtern den Vokal vor dem ck. Was fällt euch auf?

3 Trenne die Wörter mit ck. Schreibe so: Schne-cke, ...

Schnecke – Wecker – Decke – Zucker – Glocke – Brücke – Bäcker – packen – drücken – backen – nicken – wecken – schlecken – jucken

ck darf man nicht trennen.

4 Gestaltet in der Gruppe ein Merkplakat (Seite 112) mit ck-Wörtern.

Was ist euch bei der Gruppenarbeit besonders gelungen?

Wörter mit tz

1 Erzählt zu den Bildern. Wie könnte es weitergehen?

Spatzen

sitzen

Katze

plötzlich

Tatze

Satz

2 Sprecht die Wörter mit tz. Was fällt euch auf?
Achtet auf den Vokal vor dem tz.

In deutschen Wörtern gibt es kein **zz**. Wir schreiben **tz**.

3 Schreibe die Wörter aus Aufgabe 1. Schreibe so: die Spatzen, ...

4 Schreibe die Wörter getrennt auf. Schreibe so: die Spit-ze, ...

Spitze, flitzen, Glatze, schwitzen, Pfütze

witzig, schützen, schmutzig, Hitze, putzig

Katze, Tatze, blitzen, Schatz, sitzen

5 Gestalte ein Merkplakat (Seite 112) mit tz-Wörtern.

Auf das Wortende achten

1 Schreibe die Wörter aus dem Puzzle richtig auf.
Achte auf das Wortende. Denke an den Tipp von Krok.

Selbst genaues Hören hilft hier nicht. Mein Tipp: Verlängere die Wörter.

Vergleicht eure Lösungen: Habt ihr die Wörter richtig verlängert und aufgeschrieben? Wie seid ihr zu der Lösung gekommen?

2 Auch bei diesen Adjektiven hilft der Verlängerungstipp.
Schreibe so: Der Löwe ist wild. → der wilde Löwe; ...

 Der Löwe ist wil___. → der wil___e Löwe

 Das Küken ist gel___. → das gel___e Küken

 Der Vogel ist bun___. → der bun___e Vogel

 Das Obst ist gesun___. → das gesun___e Obst

 Das Pony ist lie___. → das lie___e Pony

 Der Bär ist star___. → der star___e Bär

Verlängere die Wörter und setze die richtigen Buchstaben ein.

Aben  Ber  Ra  Saf 

Merkplakat: Wörter mit V/v

1 Welche Wörter mit **V/v** habt ihr euch schon sicher gemerkt?
Sammelt in der Gruppe und schreibt die Wörter auf.
Kontrolliert mit der Wörterliste (Seite 145–154) oder dem Wörterbuch.

2 In einigen Wörtern wird **V/v** wie (w) gesprochen. Auch diese Wörter musst du dir merken.

Mit einem Merkplakat kannst du dir Wörter gut einprägen.

Schreibe das Wort und male dazu.

Schreibe das Wort in vielen bunten Farben.

Bilde mit dem Wort einen Satz.

3 Gestalte ein Merkplakat zu Wörtern mit **V/v**.

Wie viele V/v-Wörter möchtest du nach einer Übungswoche richtig schreiben können?
Schreibe deine Startkarte (Seite 43). Überprüfe deinen Erfolg.

1 Lass dir diese Wörter von einer Partnerin oder einem Partner diktieren. Kontrolliert gemeinsam.

dann — wann — nie — wieder — sehr — oft

2 Schreibe die Wörter mit **ck**. Kennzeichne den kurzen Vokal.

Stü… Brü…e De…e Glo…e Zu…er Blo…

Glü… A…er tro…en di… zurü… Sto…

3 Schreibe die Sätze. Setze **ck** und **tz** richtig ein.

Auf dem Baum si…en zwei di…e Spa…en.
Sie pu…en sich und schwa…en.
Unten schleicht auf leiser Ta…e,
sich heran die graue Ka…e.
Voll Schre… verste…en sich die Spa…en,
denn sie mögen keine Ka…en.

4 Trenne die Wörter.

Schnecke — Decke — erschrecken — Bäcker — Stücke — Brücke

5 Schreibe den Text ab und setzte die fehlenden Buchstaben am Wortende richtig ein.

Am Ta… scheint die Sonne.
Am Aben… wir… es dunkel.
In der Nach… steht der Mon… hoch am Himmel.
Mal ist er ganz run….
Mal sehen wir ihn nur hal….

6 Schreibe fünf Wörter mit **V/v**, die du dir gut gemerkt hast.

Richtig schreiben 5
Fremdwörter

1 Lies die Wörter. Was bedeuten sie?
Tausche dich mit einer Partnerin oder einem Partner aus.
Klärt die Wörter in der Klasse.

die Pizza – das Handy – der Hotdog – das Bike – die E-Mail –
die Inliner – der Computer – die Pommes – das Snowboard –
der Virus – die Spagetti – das Skateboard – die Cornflakes –
der Laptop – das Judo – der Toast – das Waveboard – die App

2 Schreibe die Fremdwörter geordnet auf. Kennzeichne die Lupenstellen.
Schreibe so: Medien: das Handy, … Essen: die Pizza, … Sport: das Bike, …

3 Legt in eurer Klasse eine Fremdwörterkartei an. Beginnt mit den Wörtern aus Aufgabe 1. So gestaltet ihr die Karteikarten (Seite 94).

vorne – hinten **oder** vorne – hinten

Skateboard

Eine elektronische Post heißt …

… E-Mail.

Wie viele Fremdwörter möchtest du nach einer Übungswoche richtig schreiben können? Schreibe deine Startkarte (Seite 43). Überprüfe deinen Erfolg.

Deutlich sprechen: m oder n?

1 Schreibe die Texte ab. Setze n oder m ein.

Ich male ei___ Bild.
Krok sitzt a___ See.
Flipp schwimmt i___ Wasser.
We___ schenke ich das Bild?
Ich schenke es de___ Wassermann.

Ich drehe eine___ Film.
Krok legt sich a___ de___ See.
Flipp saust i___ das Wasser.
We___ trifft er dort?
Er trifft de___ Wassermann.

2 Schreibe die Sätze ab. Setze die richtigen Wörter ein.

Fast ___ Tag gehe ich ins Freibad. (jede, jeden, jedem)
Ich packe ___ Badesachen ein. (meine, meinen, meinem)
___ Ball nehme ich heute mit? (welche, welchen, welchem)
Ich brauche ___ Schwimmreifen (kein, keinen, keinem)
Ich hole ___ Freund ab. (mein, meinen, meinem)
Ich frage ___: (ihn, ihm, ihnen)
„Hast du ___ Taucherbrille dabei?“ (dein, deine, deinen)

Verben verlängern

1 Erzählt zu den Bildern. Was wisst ihr über den Maikäfer?

2 Lies den Text.

Der Maikäfer
Der Maikäfer lie___t frische Blätter.
Trotzdem le___t er viele Jahre unter der Erde.
Dann stei___t er nach oben ans Licht.
Einen Monat lang flie___t er umher.
Nun grä___t das Weibchen ein Loch.
Dort hinein le___t es die Eier.
Dann stir___t es.
In drei Jahren gi___t es wieder Maikäfer.

Überlegt euch, wie die Lückenwörter geschrieben werden müssen.

Beim Verb hilft die Grundform oft beim Richtigschreiben.

3 Schreibe die Verben aus dem Text von Aufgabe 1 richtig ab.
Schreibe so: lieben ↗ er liebt, …

4 Schreibe die Verben in der du-Form und in der er-Form.
lieben — liegen — steigen — erlauben — schreiben — sagen

Wörter mit Dehnungs-h

1 Sprich die Wörter. Ordne sie. Kennzeichne das Dehnungs-h.
Schreibe so: ah: der Zahn, ...

Zahn — ihr — Ohr — Jahr — zehn — Uhr — fahren — Huhn

Lehrer — Stuhl — mehr — ihm — Sohn — ohne — Fahne

fühlen — wohnen — ihn — Höhle — ihnen — Frühling — Bohne

fühlen — zahlen — zählen — nehmen — ihre — Zahl

2 Bei diesen Wörtern kannst du das h hörbar machen. Verlängere jedes Wort und sprich es in Silben. Kennzeichne h.
Schreibe so: das Reh ↝ die Re-he, ...

das Reh ↝ die Re-he	er zieht ↝	es glüht ↝
die Naht ↝ nä-hen	du stehst ↝	du ruhst ↝
du gehst ↝	der Schuh ↝	er dreht ↝
er ruht ↝	die Kuh ↝	er sieht ↝

3 Gestalte mit den Bildern Merkplakate (Seite 112).

Fahne

Lehrer

ihr

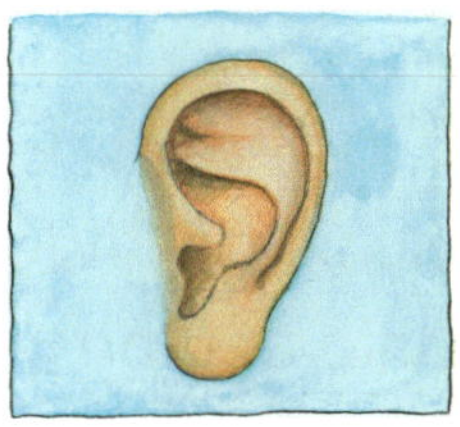
Ohr

Stuhl

4 Schreibe fünf lustige Sätze mit möglichst vielen h-Wörtern aus Aufgabe 1.

Fehler berichtigen

1 Warum passieren dir Fehler? Welcher Tipp ist für dich wichtig? Schreibe die Fehlerwörter richtig.

Gaten Trache Bruter hüfen

Vielleicht hast du nicht deutlich und in Silben gesprochen.

rose samstag blitz frühling

Vielleicht hast du die Beweise für Nomen vergessen.

Motorad Geburttag endecken fersuchen

Vielleicht hast du die Wortbausteine nicht beachtet.

Löfel Humel flizen Bäker

Vielleicht hast du den kurzen Vokal oder die geschlossene 1. Silbe nicht erkannt.

Handi Fater Kefer Komputer

Vielleicht hast du dir das Wort nicht gemerkt.

2 In dieser Geschichte findest du 10 Fehlerwörter. Schreibe die Wörter richtig auf. Male den passenden Rechtschreibtipp dazu.

Eimal bin ich mit Quirin an den see gegangen.
Ich konnte noch nicht richtik schwimen.
da rief Quirin: „Wir springen ins tiefe Waser!"
Ich dachte: „Ich wil kein angsthase sein."
Aber dan habe ich doch gerufen:
„Nein! Das traue ich mich noch nich!"
Quirin hat mich nicht ausgelacht.

1 Schreibe die Sätze. Setze anstelle der Bilder das richtige Wort ein.

Mit meinem neuen  komme ich ins Internet.

Beim Italiener esse ich am liebsten .

Zum Geburtstag habe ich  bekommen.

Ich schreibe meinen Text am .

2 Schreibe die Nomen mit Artikel auf.

   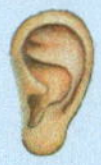  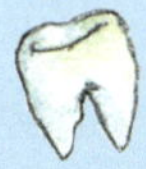

3 Übe einen Text. Lass ihn dir von einer Partnerin oder einem Partner diktieren. Kontrolliert gemeinsam.

Lea liebt ihren Fernseher sehr.
Sie kann sich kaum davon trennen.
Jeden Tag bleibt sie im Zimmer
und schaut fern.

Leo liebt seine Bücher mehr.
Er liest sie überall.
Wenn er in die Ferien fährt,
packt er viele Bücher ein.

Ben liebt sein Handy sehr.
Sogar auf dem Fußballplatz
will er sich nicht von ihm trennen.
Er hat es immer in der Hand.

Wie viele Abschnitte willst du in der Woche ohne Fehler schreiben können? Schreibe deine Startkarte (Seite 43). Überprüfe deinen Erfolg.

Richtig schreiben 6
Verben in der 1. Vergangenheit

1 Diese Geschichte erzählt von „früher“. Lies den Text.

Vor langer Zeit

Früher lebten Menschen anders als heute.
Die Wäsche wuschen die Frauen am Fluss.
Der Reisende fuhr mit der Kutsche.
Wasser holten die Kinder am Brunnen.
In der Küche kochte man über dem Feuer.
Nachts schliefen die Leute auf einem Strohsack.
Die Kinder spielten mit einem Ball aus Lumpen.
In der Stadt zogen Pferde die Straßenbahn.

2 Schreibe die Verben aus dem Text. Sie stehen in der 1. Vergangenheit.

3 Wähle mindestens vier Sätze aus und schreibe auf, wie es heute ist.
Schreibe so: Heute ...

4 Setze die Verben in die Gegenwart und in die 1. Vergangenheit.
Kontrolliere mit der Verben-Liste (Seite 136-138).

Grundform	Gegenwart	1. Vergangenheit
tragen	ich trage	ich trug ...
singen	ich ...	ich ...

tragen singen müssen können trinken

schieben liegen lesen schwimmen geben

5 Schreibe die Verben in der Gegenwart und in der 1. Vergangenheit.
Schreibe so: ich schlafe – ich schlief, ...

schlafen schreiben rufen laufen halten

Wörter mit ß

1 Ordne die Wörter nach Wortarten. Kennzeichne ß.
Schreibe so: : der Fuß, … : beißen, … : süß, …

2 Schreibe die Sätze. Setze die passenden Wörter ein.

beißen heißen

Bello sagt nicht, wie er ___,
gib nur acht, dass er nicht ___.

gießen schließen

Bevor wir nun die Türen ___,
sollten wir die Blumen ___.

heiß weiß

Bleib' weg vom Feuer, es ist ___.
Mehl ist nicht bunt, sondern ___.

Straße Strauß

Den ___, den schenk ich gerne dir.
Auf der ___ fahren wir.

3 Bilde Verben. Schreibe mit den Verben Sätze. Kennzeichne ß.

ab
zu
an

beißen

um
an
weg

stoßen

Welche Wörter mit ß kannst du ohne Fehler schreiben?
Welche musst du noch üben?

Wörter mit doppeltem Vokal

1 Schreibe die Wörter geordnet auf. Kennzeichne den doppelten Vokal.
Schreibe so: aa: der Saal, ... ee: der Tee, ... oo: das Moos,...

der Zoo — das Haar — das Beet — die Fee — der Klee — der Saal

die Waage — der Aal — der See — die Beere — das Moos

der Tee — das Moor — das Meer — das Boot — der Schnee

2 Gestalte ein Merkplakat (Seite 112). Kennzeichne alle doppelten Vokale.

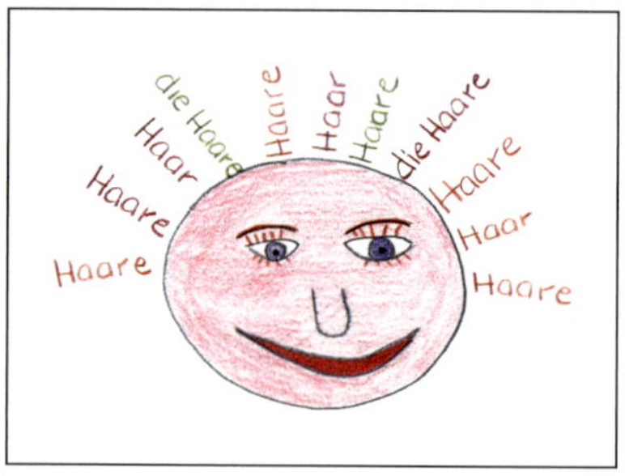

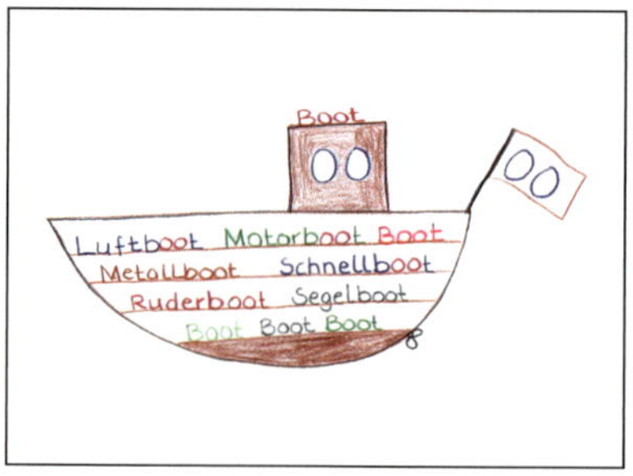

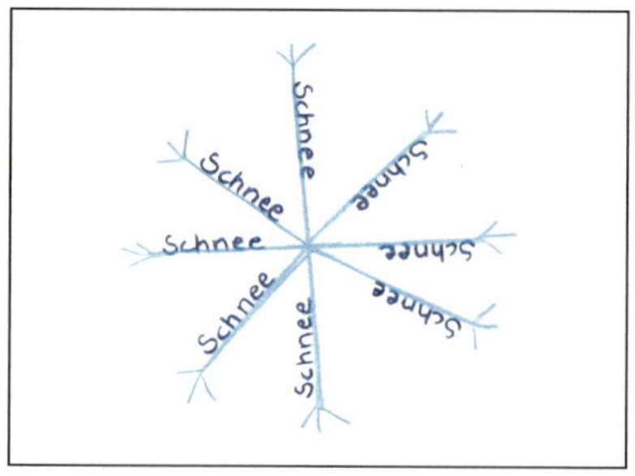

3 Bilde zusammengesetzte Nomen. Kennzeichne den doppelten Vokal.
Schreibe so: Ruderboot, ...

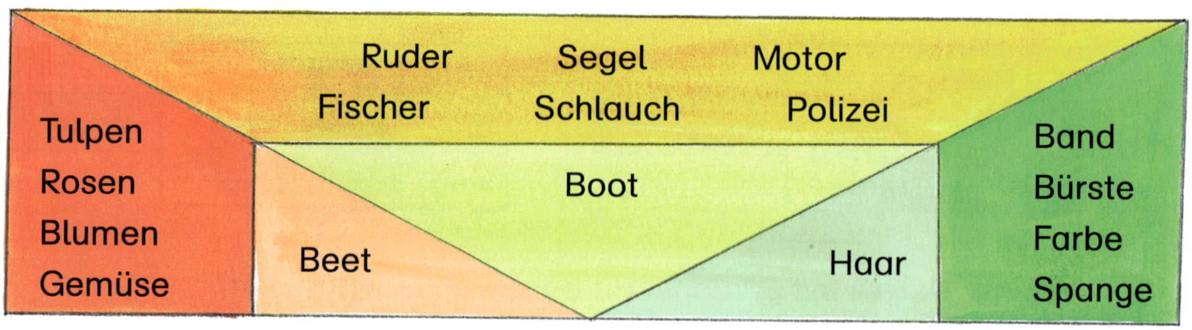

Fremdwörter

Alle Sprachen „wandern“. Menschen tragen Wörter weiter.
Namen für Speisen, Wörter für Erfindungen, Namen für Sportarten sind aus verschiedenen Sprachen in unsere Sprache „eingewandert“.
Manche Wörter sind schon vor zweitausend Jahren bei uns angekommen.
So haben zum Beispiel die Römer das gläserne „fenestra“ erfunden.
Das Wort „Inliner“ ist erst vor kurzem „eingewandert“.

1 Erkläre, woher die deutschen Wörter kommen.

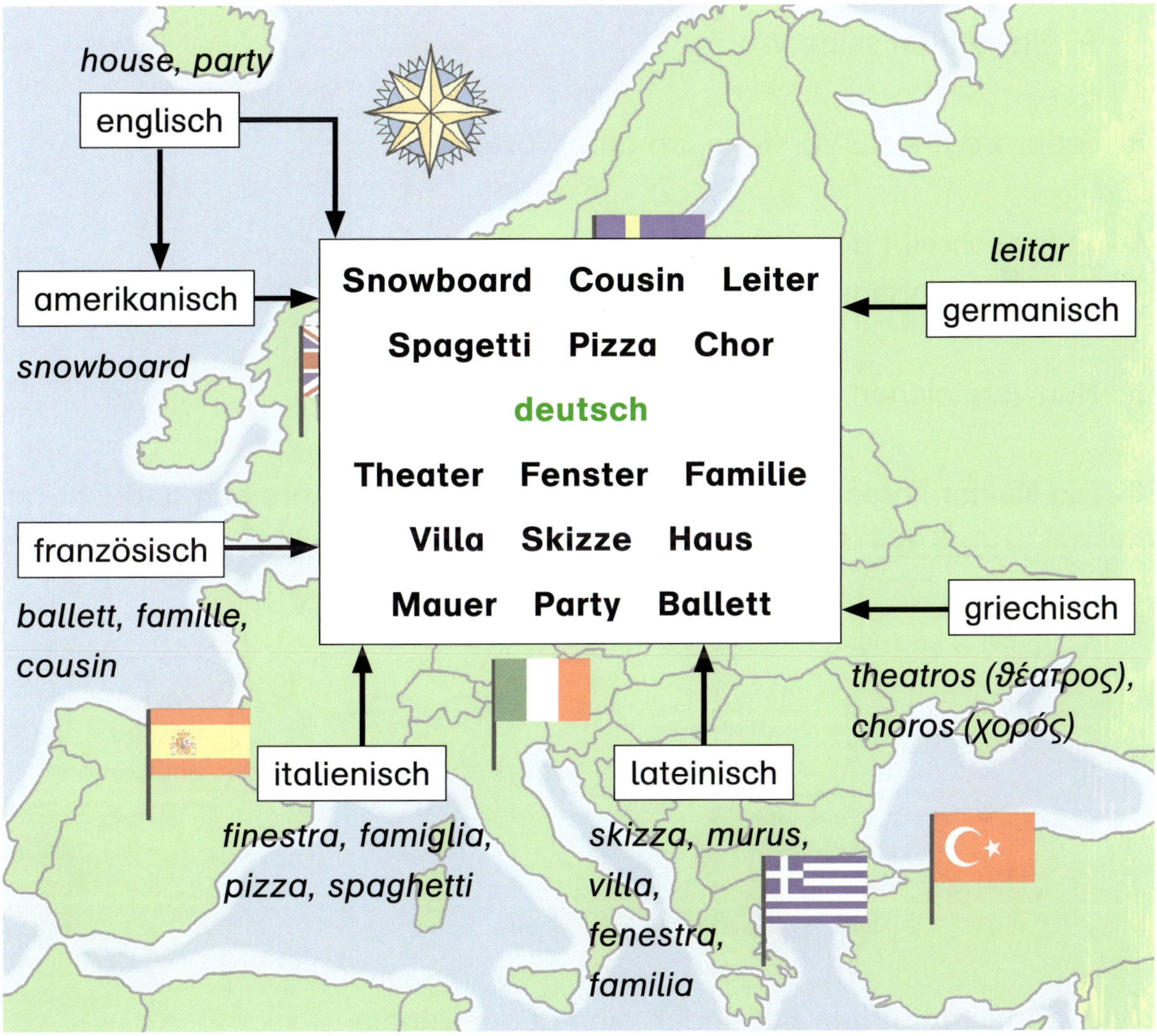

Forscht nach, woher diese Wörter kommen. Wen könnt ihr fragen?
Wo könnt ihr nachschlagen?

Pfeffer — Salz — Wein — Papier — Ferien — Mädchen

Rechtschreibkonferenz

1. Ein Kind hat sich einen Satz ausgedacht und aufgeschrieben:

   Ich habe gestern ein Tor geschossen.

2. Alle merken sich den Satz:
   - Sie sprechen ihn nach.
   - Sie sprechen ihn laut und leise.
   - Sie sprechen ihn mit geschlossenen Augen.
   - Sie zählen seine Wörter.

3. Jeder fragt sich: Verstehe ich alle Wörter?

4. Jeder schreibt den Satz auf.
   Ein Kind schreibt an der Tafel.

5. Nun vergleichen die Kinder ihre Sätze.

6. Die Kinder sprechen darüber, was sie sich beim Schreiben gedacht haben.

7. Jeder schreibt den Satz noch einmal auswendig.

Denkt euch selbst Sätze aus und untersucht sie in der Rechtschreibkonferenz. Welche Tipps helfen euch besonders?

1 Schreibe die Verben in der Gegenwart und 1. Vergangenheit.
Schreibe so: ich gehe – ich ging, ...

gehen — laufen — liegen — rufen — schwimmen — tragen

2 Schreibe fünf Wörter mit **ß**.

3 Achtung: doppelter Vokal! Schreibe die Nomen mit Artikel auf.

4 Schreibe die Sätze. Setze anstelle der Bilder das richtige Wort ein.

Auf der  fahren viele Autos.

Wir  unsere Blumen.

Die Kinder sitzen auf dem .

Hunde, die bellen,  nicht.

5 Schreibe diesen Text ab. Lass ihn dir von einer Partnerin oder einem Partner diktieren. Kontrolliert gemeinsam.

Vor langer Zeit
Früher lebten die Menschen anders als heute.
Die Wäsche wuschen die Frauen am Fluss.
Der Reisende fuhr mit der Kutsche.
Wasser holten die Kinder am Brunnen.
In der Küche kochte man über dem Feuer.

Richtig schreiben 7
Anfangsbausteine Ver/ver und Vor/vor △

Flipp kommt zu spät. Er hat sich lustige Entschuldigungen ausgedacht.

1 Schreibe den Text. Setze **ver** richtig ein.

Zuerst habe ich heute △schlafen.
Dann habe ich meine Mappe △gessen.
Auf dem Weg habe ich mich △laufen.
Sogar der Bus hat sich △fahren.
Fast hätte mich ein Zauberer △zaubert.
Doch ab heute △suche ich pünktlich zu sein.

2 Schreibe die Wörter aus dem Lastwagen mit den Anfangsbausteinen **Ver/ver** und **Vor/vor**. Bei einigen passen beide Anfangsbausteine. Ordne sie und kennzeichne die Anfangsbausteine.
Schreibe so: Ver: der Verkehr, ... ver: vergessen, ...
Vor: die Vorsicht, ... vor: vorsingen, ...

3 Schlage in der Wörterliste (Seite 145–154) oder im Wörterbuch nach. Suche zehn weitere Wörter mit **Ver/ver** und **Vor/vor**.

Endbausteine für Nomen und Adjektive

1 Verwandle die Nomen in Adjektive. Schreibe so: die Milch – milchig, ...

das Glück
der Mut
das Jahr
die Milch
der Staub
das Herz
der Witz
der Mann
das Kind
der Stein

2 Kennzeichne die Endbausteine der Adjektive aus Aufgabe 1.

3 Verwandle die Verben und Adjektive in Nomen.

Schreibe so: zeichnen – die Zeichnung, ... neu – die Neuheit, ...

neu
heizen
ehrlich
träg
pünktlich
zeichnen
impfen
klug
gesund
schön
schwierig
blind
wohnen

4 Kennzeichne die Endbausteine der Nomen aus Aufgabe 3.

Wörter mit ä und i 

1 Gestaltet ein Merkplakat (Seite 112) zu diesen ä-Wörtern.

Käfer Käfig Märchen Mädchen Bär Träne spät

2 Bilde mit jedem Wort einen Satz. Diktiere die Wörter einer Partnerin oder einem Partner. Kontrolliert gemeinsam.

3 Ordne die Wörter aus dem Merkplakat. Schreibe sie geordnet auf. Kennzeichne i.

4 Bilde mit jedem Wort einen Satz. Diktiere die Wörter einer Partnerin oder einem Partner. Kontrolliert gemeinsam.

5 Übe diesen Text. Diktiere ihn einer Partnerin oder einem Partner. Kontrolliert gemeinsam.

Tiger und Igel bauen eine Maschine.
Tiger sagt: „Gib mir den Hammer, Igel. Gib mir die Zange, Igel!"
Da wird Igel müde. Er sagt: „Ich gebe dir nichts mehr.
Wir schlafen und träumen uns unsere Maschine."

Verben mit Doppelkonsonant

1 Bilde Sätze. Schreibe so: Ich kann gut …

klettern  flitzen  schwimmen  fallen 

essen  backen  rennen  kratzen 

2 Kennzeichne in den Verben aus Aufgabe 1 den kurzen Vokal und den Doppelkonsonanten. Schreibe so: klettern, …
•xx

3 Bilde Verben aus den Silben. Schreibe so: kommen, …
• x x

las	fres	fas	bren	ken	pas	stel	wol	wis
sen	nen	sen	nen	sen	len	len	nen	sen

4 Setze die Verben in der richtigen Form ein.

Flipp ___ nach Hause. (kommen)

Er ___ seine Suppe. (essen)

Nun ___ er seine Hausaufgaben machen. (müssen)

Er ___ rechnen. (sollen)

Dann ___ er spielen (können)

Er ___ in den Garten (flitzen)

Flipp ___ im Apfelbaum. (klettern)

Abends ___ er müde ins Bett. (fallen)

5 Bilde die er-Form. Schreibe so: er packt, …

packen — schicken — sitzen — kratzen — wollen — lassen

Wörtersteckbriefe

Die Schülerinnen und Schüler der Klasse 3a erstellen einen Wörtersteckbrief.

Was wissen wir über das Wort Verkäufer?

Verkäufer hat 8 Laute.

Verkäufer hat 9 Buchstaben.

Verkäufer hat 3 Silben.

Ich trenne Ver-käu-fer.

Verkäufer			
Laute: 8	Buchstaben: 9	Silben: 3	Wortart: ▲
Ver – käu – fer			
stellen: Verkäufer (V, äu)			
Tipps			

Meine Lupenstelle ist das **äu**.

Verkäufer ist ein Nomen:
der Verkäufer
die Verkäufer

Nomen schreibt man groß.

Meine Lupenstelle ist das **V**.

1 Erstellt für fünf schwierige Wörter Wörtersteckbriefe.

1 Bilde sinnvolle Wörter mit den Anfangsbausteinen **Ver/ver** und **Vor/vor**.

lassen ___ lesen ___ brauchen ___ laufen ___ tragen ___ raten ___

2 Verwandle die Nomen in Adjektive mit den Endbausteinen **ig** und **lich**.

der Saft ___ das Herz ___ die Feier ___ der Berg ___

3 Verwandle die Adjektive und Verben in Nomen mit den Endbausteinen **ung**, **heit**, **keit**.

ziehen ___ übel ___ freundlich ___ verwirren ___ erholen ___ heiter ___

4 Schreibe die passenden Nomen.

5 Schreibe die Verben in der ich- und er-Form.

rennen ___ können ___ lassen ___ essen ___ fallen ___

6 Schreibe den Text oder den ersten Textabschnitt ab.

Krok will in den Ferien verreisen.
Er kann nicht nach Asien.
Dort gibt es Tiger und Bären.
Auch Afrika passt ihm nicht.
Dort gibt es Krokodile, die im Fluss schwimmen.
Das ist alles zu gefährlich.
Krok will gut vorsorgen. Er braucht Sicherheit und Ordnung,
um sich richtig zu erholen. Wo soll er nur hin?

Arbeitshilfen

Wichtige Fachbegriffe

Buchstaben, Laute und Silben

Alphabet	Das Alphabet enthält alle Buchstaben von A bis Z. In der Wörterliste und im Wörterbuch sind die Wörter nach dem Alphabet geordnet.
Vokal	Vokale klingen selbst: *a, e, i, o, u.*
Konsonant	Konsonanten brauchen im Alphabet Laute, die mit ihnen klingen: *be, de, ka, …*
Umlaut	Umlaute sind: *ä, ö, ü, äu.*
Zwielaut	Zwielaute bestehen aus zwei Buchstaben: *au, äu, eu, ei, ai.*
Silbe	Wörter können nach Silben getrennt werden. In jeder Silbe ist ein Vokal, Umlaut oder Zwielaut. Endet die 1. Silbe mit einem Vokal, nennt man sie „offen" *(Ha-se).* Endet die 1. Silbe mit einem Konsonanten, nennt man sie „geschlossen" *(Man-tel).*

Wortarten

Nomen	Beispiele: *(das) Kind, (die) Amsel, (der) Baum, (das) Rad, (die) Liebe* Nomen schreibt man groß.
Verb	Beispiele: *fahren, liegen, sitzen, reden*
Adjektiv	Beispiele: *höflich, freudig, groß, hilfsbereit, schnell*

Beweise für Nomen, Verben und Adjektive findest du im Wortartenbaum (Seite 156 / 157).

Artikel

Es gibt bestimmte Artikel *(der, die, das)* und unbestimmte Artikel *(ein, eine).*

Pronomen

Beispiele: *ich, du, er, sie, es, wir, ihr, sie*
Peter liest. ***Er*** *liest. Die Hunde bellen.* ***Sie*** *bellen.*
Ein Pronomen steht für ein Nomen.

Zeitformen des Verbs

Gegenwart

Gegenwart bedeutet, dass jetzt etwas geschieht:
ich spiele, du singst, er läuft, …

1. Vergangenheit

Die 1. Vergangenheit verwendet man oft beim Schreiben.
Viele Verben in der 1. Vergangenheit haben den Endbaustein **te**: *ich kauf**e** – ich kauf**te**.*
Manche Verben verändern sich stärker: *ich falle – ich **fiel***
Auf Seite 150-152 findest du eine Tabelle mit solchen Verben.

Steigerungsformen des Adjektivs

Vergleichsstufen

Mit den Vergleichsstufen des Adjektivs können wir Lebewesen und Dinge vergleichen:
schnell – schneller – am schnellsten.

Wortbildung

Wortstamm

Jedes Wort hat mindestens einen Wortstamm. Er ist der Hauptbaustein des Wortes: ***fahr**en, be**zahl**en, die **Klug**heit, …*

Anfangsbaustein (Vorsilbe)

Anfangsbausteine stehen vor dem Wortstamm. Durch sie lassen sich aus einem Wort viele neue Wörter bilden:
Be/be, Ent/ent, Zer/zer, …
Anfangsbausteine verändern die Bedeutung der Wörter:
***ein**kaufen – **ver**kaufen, Glück – **Un**glück*

Endbaustein (Nachsilbe)	Endbausteine werden an den Wortstamm angehängt. Sie können die Wortart verändern: ***lich:*** *der Freund – freund**lich** (Nomen – Adjektiv)* ***heit:*** *blind – die Blind**heit** (Adjektiv – Nomen)*
Wortfamilie	Wörter mit einem gemeinsamen Wortstamm gehören zu einer Wortfamilie. Zur Wortfamilie fahren gehören zum Beispiel diese Wörter: *das **Fahr**rad, die Ab**fahr**t, ver**fahr**en, los**fahr**en, der **Fähr**mann, das Ge**fähr**t.*

Wörtersammlung

Wortfeld	Zu einem Wortfeld gehören Wörter, die eine ähnliche Bedeutung haben. Zum Wortfeld ***gehen*** gehören zum Beispiel: *laufen, rennen, schleichen, sich bewegen, springen, hüpfen.*
Thematische Wörtersamm-lung	In einer thematischen Wörtersammlung werden Wörter zu einem „Thema“ gesammelt, zum Beispiel ***Fußball****: Tor, Torwart, Schiedsrichter, Fans.*

Wortfelder

Wortfeld sprechen

reden, plaudern, flüstern, sagen, schimpfen, murmeln, warnen, bitten, brummen, rufen, kreischen, brüllen, antworten, betteln, meinen, quasseln, quatschen, mitteilen, bemerken, nennen, schnattern, schwätzen, stammeln, erklären, klagen, begrüßen, erwähnen, sich äußern, lallen, mahnen, sich unterhalten, zustimmen, ablehnen, danken …

Wortfeld gehen

bummeln, spazieren, schlendern, flanieren, schleichen, wandern, trotten, schreiten, stapfen, stiefeln, springen, hüpfen, tänzeln, trampeln, schlurfen, tapsen, latschen, rennen, laufen, eilen, flitzen, sausen, jagen, hetzen, rasen, stürmen …

Wortfeld hören

die Ohren spitzen, lauschen, aufschnappen, vernehmen, belauschen, zuhören, verstehen, aufhorchen, erfahren, mitbekommen …

Wortfeld sehen

blicken, schauen, betrachten, blinzeln, erkennen, besichtigen, spähen, gucken, glotzen, starren, sichten, entdecken, mustern, ansehen, zusehen, wahrnehmen, beäugen, linsen …

Wortfeld fahren

flitzen, sausen, brausen, tuckern, gleiten, rollen, rasen, radeln, …

Verben-Liste

	Grundform	Gegenwart	1. Vergangenheit
B	beginnen	ich beginne	ich begann
	beißen	ich beiße	ich biss
	beschließen	ich beschließe	ich beschloss
	biegen	ich biege	ich bog
	bleiben	ich bleibe	ich blieb
	brennen	ich brenne	ich brannte
	bringen	ich bringe	ich brachte
E	empfinden	ich empfinde	ich empfand
	essen	ich esse, du isst	ich aß
F	fahren	ich fahre, du fährst	ich fuhr
	fallen	ich falle, du fällst	ich fiel
	fangen	ich fange, du fängst	ich fing
	finden	ich finde	ich fand
	fliegen	ich fliege	ich flog
	fließen	ich fließe	ich floss
	frieren	ich friere	ich fror
G	geben	ich gebe, du gibst	ich gab
	gehen	ich gehe	ich ging
	geschehen	es geschieht	es geschah
	gewinnen	ich gewinne	ich gewann
	gießen	ich gieße	ich goss
H	halten	ich halte, du hältst	ich hielt
	hängen	ich hänge	ich hing
	heißen	ich heiße	ich hieß
	helfen	ich helfe, du hilfst	ich half
K	kennen	ich kenne	ich kannte
	kommen	ich komme	ich kam
	kriechen	ich krieche	ich kroch

	Grundform	Gegenwart	1. Vergangenheit
L	lassen	ich lasse, du lässt	ich ließ
	laufen	ich laufe, du läufst	ich lief
	lesen	ich lese, du liest	ich las
	liegen	ich liege	ich lag
M	messen	ich messe, du misst	ich maß
N	nehmen	ich nehme, du nimmst	ich nahm
	nennen	ich nenne	ich nannte
R	raten	ich rate, du rätst	ich riet
	reißen	ich reiße	ich riss
	rennen	ich renne	ich rannte
	riechen	ich rieche	ich roch
	rufen	ich rufe	ich rief
S	schieben	ich schiebe	ich schob
	schießen	ich schieße	ich schoss
	schlafen	ich schlafe, du schläfst	ich schlief
	schlagen	ich schlage, du schlägst	ich schlug
	schließen	ich schließe	ich schloss
	schneiden	ich schneide	ich schnitt
	schreiben	ich schreibe	ich schrieb
	schweigen	ich schweige	ich schwieg
	schwimmen	ich schwimme	ich schwamm
	sehen	ich sehe, du siehst	ich sah
	singen	ich singe	ich sang
	sitzen	ich sitze	ich saß
	stehen	ich stehe	ich stand
	stoßen	ich stoße, du stößt	ich stieß
	streiten	ich streite	ich stritt

	Grundform	Gegenwart	1. Vergangenheit
T	tragen	ich trage, du trägst	ich trug
	treffen	ich treffe, du triffst	ich traf
	trinken	ich trinke	ich trank
V	verbieten	ich verbiete	ich verbot
	vergessen	ich vergesse, du vergisst	ich vergaß
	verlieren	ich verliere	ich verlor
W	wachsen	ich wachse, du wächst	ich wuchs
	waschen	ich wasche, du wäschst	ich wusch
	wiegen	ich wiege	ich wog
	wissen	ich weiß	ich wusste
Z	ziehen	ich ziehe	ich zog

Besondere Verben mit unregelmäßigen Formen

Grundform	Gegenwart	1. Vergangenheit
dürfen	ich darf	ich durfte
können	ich kann	ich konnte
mögen	ich mag	ich mochte
müssen	ich muss	ich musste
sollen	ich soll	ich sollte
wollen	ich will	ich wollte
haben	ich habe	ich hatte
sein	ich bin, du bist, er ist, wir sind, ihr seid, sie sind	ich war
werden	ich werde, du wirst	ich wurde

Wissen über Sätze

Satzarten

Die Kinder schreiben einen Brief.

Aussagesatz .

Schreiben die Kinder einen Brief?

Fragesatz ?

Schreibt endlich euren Brief!

Aufforderungssatz !

Satzglieder

Wer? Was?	Was tun sie? Was geschieht?
Die Kinder	schreiben
Subjekt	Prädikat

Sätze umstellen

Die Kinder	schreiben	jeden Monat	in der Schule	einen Brief.
Jeden Monat	schreiben	die Kinder	in der Schule	einen Brief.
...	...	...	...	...
...	...	...	...	...

Wörtliche Rede

Der Lehrer sagt: „Die Kinder schreiben einen Brief.“

__________ : „~~~~~~~~~~~~~~~~~~~~~~.“

Redebegleitsatz **Wörtliche Rede**

Tipps für Texte

1 **Der Text soll unterhalten:**

- Sammle und ordne vor dem Schreiben passende Ideen und Wörter.
- Beginnen deine Sätze unterschiedlich?
- Kommt wörtliche Rede vor?
- Ist deine Geschichte lebendig, spannend, lustig, fantasievoll, ... erzählt?
- Hat deine Geschichte eine Einleitung und einen Schluss?
- Passt deine Überschrift?

2 **Der Text soll zu etwas anleiten:**

- Sammle und ordne vor dem Schreiben wichtige Informationen oder Fachbegriffe.
- Sind die Arbeitsschritte klar benannt?
- Stimmt ihre Reihenfolge?
- Sind treffende Ausdrücke und Fachbegriffe verwendet?

3 **Der Text soll etwas beschreiben:**

- Sammle und ordne vor dem Schreiben wichtige Informationen oder Fachbegriffe.
- Sind die Informationen in einer sinnvollen Reihenfolge aufgeschrieben?
- Kommen treffende Ausdrücke und Fachbegriffe vor?
- Ergänzen Bilder, Fotos oder Zeichnungen den Text?

4

Der Text soll über etwas berichten:

- Sammle und ordne vor dem Schreiben wichtige Informationen oder Fachbegriffe.
- Stehen im Bericht alle wichtigen Einzelheiten?
- Sind passende Ausdrücke und Fachbegriffe verwendet?
- Sind die Informationen in einer sinnvollen Reihenfolge aufgeschrieben?
- Wird auf die Zeitform (1. Vergangenheit) geachtet?

5

Der Text soll überzeugen:

- Sammle und ordne wichtige Gründe für deinen Wunsch oder deine Meinung.
- Wird der Wunsch oder die Meinung genau aufgeschrieben und gut begründet?
- Ist die Aufforderung überzeugend und höflich?

6

Der Text soll wie von einem Dichter sein:

- Lass dich von Gedichten und Geschichten anregen.
- Gibt es einen Bauplan und ist er eingehalten?
- Sind besondere Wörter ausgewählt?
- Sind Gedanken und Gefühle ausgedrückt?
- Ist dein Text mit Farben, Bildern, Fotos, ... gestaltet?

So übst du mit der Wörterliste oder mit dem Wörterbuch

Arbeite immer mit dem Abschreibtipp.

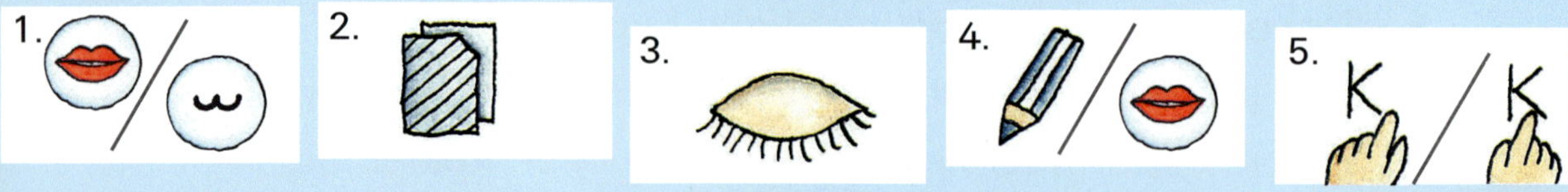

Schreibe Nomen immer mit ihrem Artikel auf.
Kennzeichne die Lupenstellen.

Deutlich und in Silben sprechen

1 Schreibe zehn Wörter, bei denen dir deutlich sprechen besonders hilft. Zeichne die Silbenbögen. Kennzeichne den Silbenkern.

Kurze und lange Vokale unterscheiden, Silben nutzen

2 Schreibe fünf Wörter mit Doppelkonsonaten, ck oder tz. Kennzeichne den kurzen Vokal. Trenne, wenn es möglich ist.

kommen – kom-men,
Schnecke – Schne-cke,
putzen – put-zen

3 Schreibe fünf Wörter mit ie. Sprich das lange /i/ deutlich. Trenne die Wörter, wenn möglich ist. Kennzeichne ie.

Brief – Brie-fe

Besondere Buchstabengruppen üben

4 Schreibe fünf Wörter mit St/st am Wortanfang auf.

der Stein

5 Schreibe fünf Wörter mit Sp/sp am Wortanfang auf.

sprechen

Wortfamilien nutzen

6 Schreibe fünf Wörter mit d oder g am Ende und verlängere sie.

Abend ⤳ Abende
Berg ⤳ Berge

7 Setze fünf Nomen mit a oder au in die Mehrzahl. Kennzeichne, wenn sich a in ä oder au in äu verwandelt.

der Ast ← die Äste

das Haus ← die Häuser

8 Schreibe fünf Verben, die man mit den Anfangsbausteinen ver oder vor verbinden kann.

verlaufen, vorsingen

9 Suche sechs Nomen mit den Endbausteinen heit, keit, ung. Schreibe sie mit Artikel.

die Gesundheit

10 Suche fünf Adjektive mit den Endbausteinen ig und lich.

lustig, glücklich

Wörter mit Rechtschreib-besonderheiten einprägen

11 Schreibe fünf Wörter mit Dehnungs-h auf. Kennzeichne die Lupenstelle.

fahren, der Sohn

12 Schreibe fünf Wörter mit ß auf. Trenne und kennzeichne den langen Vokal oder den Zwielaut.

drau - ßen, die Stra - ße

13 Schreibe fünf Wörter mit V/v auf. Kennzeichne die Lupenstelle.

Vater

14 Schreibe fünf Wörter mit Doppelvokal auf. Kennzeichne die Lupenstelle.

das Meer

15 Schreibe fünf Fremdwörter auf. Kennzeichne die Lupenstelle.

das Handy

Wortarten üben

16 Schreibe fünf Nomen mit ihren Artikeln auf. Setze sie auch in die Mehrzahl.

die Tasche, die Taschen

17 Schreibe fünf Verben in der Grundform auf. Setze sie in die ich-Form und die er-Form.

lachen: ich lache, er lacht

18 Schreibe fünf Adjektive auf. Setze sie zu einem passenden Nomen.

schwer, der schwere Elefant

Rechtschreibtipps

Bei allen Wörtern hilft:

deutlich sprechen

in Silben sprechen

Nomen und Satzanfänge großschreiben

- Beweise für Nomen kennen
- Sätze erkennen

Kurze und lange Vokale unterscheiden, Silben nutzen

•/– betonter Vokal: kurz oder lang?

–x langer Vokal: Hüte

•xx kurzer Vokal: Hütte

Pfütze

Glück

1. Silbe offen: Hü-te

1. Silbe geschlossen: Hüt-te

ie langes ie hören

Wörter mit ie trennen

Brief – Brie-fe

Wortfamilien nutzen

Wortstamm finden

untersuchen

Anfangsbausteine kennen

untersuchen

Endbausteine kennen

Untersuchung

verwandte Wörter sammeln:

suchen, Besuch, aussuchen

ä kommt von a

älter → alt

äu kommt von au

läuft → laufen

Wörter verlängern

Geld ↗ Gelder

lebt ↗ leben

Wörter mit Rechtschreibbesonderheiten einprägen

h Dehnungs-h

V/v Wörter mit V/v

ai Wörter mit ai

aa ee oo Doppelvokal

ß Wörter mit ß

FW Fremdwörter

Wörterliste

A

ab
der Abend, die Aben|de
abends
aber
acht
der Af|fe
ähn|lich
al|le
al|les
als
al|so
alt, äl|ter
am
die Amei|se
die Am|pel
an
än|dern
an|ders
die Angst, die Ängs|te
ängst|lich
ant|wor|ten
der Ap|fel, die Äp|fel
der April
ar|bei|ten
är|gern
der Arm
der Arzt, die Ärz|te
die Ärz|tin
der Ast, die Äs|te
auch
auf
die Auf|ga|be
auf|räu|men
auf|we|cken
das Au|ge
der Au|gust
aus
au|ßen
das Au|to
die Axt, die Äx|te

B

das Ba|by
der Bach, die Bä|che
ba|cken, er backt, er back|te
der Bä|cker
ba|den
die Bahn
der Ball, die Bäl|le
die Ba|na|ne
das Band, die Bän|der
die Bank, die Bän|ke
der Bär
der Bauch, die Bäu|che
bau|en
der Baum, die Bäu|me
der Be|cher
be|gin|nen, er be|ginnt, er be|gann
bei
das Bein
bei|ßen, er beißt, er biss
das Bei|spiel
bel|len
be|loh|nen
be|ob|ach|ten
be|quem
be|reit
be|reits
der Berg, die Ber|ge
der Be|ruf
be|setzt
bes|ser
be|stimmt
das Bett
die Beu|le
be|vor
be|we|gen, er be|wegt
be|zah|len
der Bi|ber
bie|gen, er biegt, er bog
die Bie|ne
das Bild, die Bil|der
bin
die Bir|ne
bis
biss|chen
bist
bit|ten, er bit|tet, er bat
bla|sen, er bläst, er blies
das Blatt, die Blät|ter
blau
blei|ben, er bleibt, er blieb
der Blick
bli|cken
blind
der Blin|de
die Blin|de
der Blitz
blit|zen
der Block
bloß
blü|hen, er blüht
die Blu|me
die Blü|te
der Bo|den, die Bö|den
die Boh|ne
boh|ren
das Boot
bö|se
bo|xen

der Bo|xer
der Brand
brau|chen
braun
brav
bren|nen, er brennt,
er brann|te
das Brett, die Bret|ter
der Brief, die Brie|fe
die Bril|le
brin|gen, er bringt,
er brach|te
das Brot
das Bröt|chen
die Brü|cke
der Bru|der, die Brü|der
der Brun|nen
der Bub, die Bu|ben
das Buch, die Bü|cher
bunt
die Burg, die Bur|gen
der Busch, die Bü|sche
die But|ter

C

der Cent
der Christ
die Chris|tin
der Clown
der Com|pu|ter

D

da
das Dach, die Dä|cher
der Dachs
dan|ken, er dankt
dann
das
dass
der Dau|men
die De|cke
dein, dei|nem, dei|nen
dem
den
den|ken, er denkt,
er dach|te
denn
der
des
deut|lich
deutsch
Deutsch|land
der De|zem|ber
dich
dick
die
der Diens|tag
dies, die|se, die|ses,
die|sem, die|sen
das Ding
dir
die Dis|ket|te
doch
das Do|mi|no
der Don|ner
don|nern
der Don|ners|tag
das Dorf
dort
die Do|se
der Dra|che
der Dra|chen
der Draht, die Dräh|te
drän|geln
drau|ßen
der Dreck
dre|ckig
dre|hen
drei
der Druck
drü|cken
du
dumm
die Dumm|heit
dun|kel
dünn
durch
dür|fen, er darf, er durf|te
der Durst
durs|tig
die Du|sche

E

die Ecke
eckig
ehr|lich
das Ei, die Ei|er
ei|gent|lich
der Ei|mer
ein, ei|nem, ei|nen
eins
das Eis
elf
die El|tern
emp|fin|den,
er emp|fin|det, er emp|fand
emp|find|lich
das En|de
eng
der En|gel
der En|kel
ent|de|cken
die En|te
ent|fer|nen
die Ent|fer|nung
ent|ge|gen
ent|wi|ckeln
die Ent|wick|lung

er
die Er|de
er|klä|ren
er|lau|ben, er er|laubt
die Er|laub|nis
er|le|ben
das Er|leb|nis
er|schre|cken,
er er|schrickt, er er|schrak
erst
er|war|ten
die Er|war|tung
er|zäh|len
die Er|zäh|lung
es
der Esel
es|sen, er isst, er aß
et|was
euch
eu|er, eu|rem, eu|ren
die Eu|le
der Eu|ro
das Eu|ro|pa

F

die Fah|ne
fah|ren, er fährt, er fuhr
die Fal|le
fal|len, er fällt, er fiel
die Fa|mi|lie
fan|gen, er fängt, er fing
fau|chen
die Faust, die Fäus|te
der Fe|bru|ar
die Fe|der
der Feh|ler
feh|ler|frei
fein
das Feld, die Fel|der
das Fens|ter
die Fe|ri|en
fern|se|hen
der Fern|se|her
fer|tig
fett
das Fett
feucht
die Feuch|tig|keit
das Feu|er
die Fich|te
fin|den, er fin|det, er fand
der Fin|ger
der Fisch
die Fla|sche
der Fleiß
flei|ßig
die Flie|ge
flie|gen, er fliegt, er flog
flie|ßen, er fließt, er floss
das Floß, die Flö|ße
die Flö|te
der Flü|gel
das Flug|zeug
der Fluss, die Flüs|se
flüs|sig
die Flüs|sig|keit
fra|gen, er fragt
die Frau
frei
die Frei|heit
der Frei|tag
fremd, frem|der
der Frem|de
fres|sen, er frisst, er fraß
die Freu|de
freu|en
der Freund, die Freun|de
die Freun|din,
die Freun|din|nen
der Frie|den
fried|lich
frie|ren, er friert, er fror
frisch
fröh|lich
die Fröh|lich|keit
der Frosch, die Frö|sche
die Frucht, die Früch|te
der Früh|ling
der Fuchs
füh|len
füh|ren
die Füh|rung
fül|len
der Fül|ler
fünf
für
der Fuß, die Fü|ße
das Fut|ter

G

die Ga|bel
die Gans, die Gän|se
ganz, gan|zem, gan|zen
der Gar|ten, die Gär|ten
das Gar|ten|tor
der Gast, die Gäs|te
das Ge|bäu|de
ge|ben, er gibt, er gab
die Ge|burt
der Ge|burts|tag
die Ge|fahr
ge|fähr|lich
das Ge|fühl
ge|gen
ge|heim
das Ge|heim|nis
ge|hen, er geht, er ging
ge|hö|ren, er ge|hört
die Gei|ge
der Geist

gelb, gel|be
das Geld, die Gel|der
die Ge|mein|de
das Ge|mü|se
ge|nau
ge|ra|de
gern
der Ge|ruch
das Ge|schäft
ge|sche|hen,
es ge|schieht, es ge|schah
die Ge|schich|te
ge|schrie|ben
das Ge|setz
das Ge|sicht
ges|tern
ge|sund, ge|sun|de
das Ge|wächs
ge|win|nen, er ge|winnt,
er ge|wann
das Ge|wit|ter
gie|ßen, er gießt, er goss
der Gip|fel
das Glas, die Glä|ser
das Gras, die Grä|ser
glatt
gleich
das Glück
glück|lich
glü|hen
der Gott
groß, grö|ßer
grün
grü|ßen
die Gur|ke
gut

H

das Haar, die Haa|re
ha|ben, er hat, er hat|te
der Hahn, die Häh|ne
der Hai
halb, hal|be
der Hals, die Häl|se
hal|ten, er hält, er hielt
der Hams|ter
die Hand, die Hän|de
das Han|dy
der Hang
hän|gen, er hängt, er hing
hart, här|ter
der Ha|se
der Hau|fen
häu|fig
das Haus, die Häu|ser
die Haut, die Häu|te
die He|cke
das Heft
he|gen, er hegt
heiß
hei|ßen, er heißt, er hieß
hei|zen
die Hei|zung
hel|fen, er hilft, er half
hell
das Hemd, die Hem|den
her
der Herbst
der Herr
her|stel|len, er stellt her
die Her|stel|lung
das Herz
heu|te
die He|xe
hier
die Hil|fe
der Him|mel
hin
hin|ter
die Hit|ze
hoch, hö|her
hof|fen
hof|fent|lich
die Hö|he
die Höh|le
hohl
ho|len
hö|ren
die Ho|se
das Huhn, die Hüh|ner
die Hum|mel
der Hund, die Hun|de
hun|dert
der Hun|ger
hun|grig
hüp|fen
der Hut, die Hü|te

I

ich
der Igel
ihm
ihn, ih|nen
ihr, ih|re, ih|rem, ih|ren
im
im|mer
imp|fen
die Imp|fung
in
die In|for|ma|ti|on
in|for|mie|ren
ins
die In|sel
in|te|r|es|sant
das In|te|r|es|se
er, sie, es ist

J

ja
das Jahr

der Ja|nu|ar
je|de, je|dem, je|den
je|mand, je|man|den
das Jo-Jo
die Ju|gend
ju|gend|lich
der Ju|li
jung
der Jun|ge
der Ju|ni

K

der Kä|fer
der Kä|fig
der Kai|ser
der Kak|tus, die Kak|te|en
das Kalb, die Käl|ber
der Ka|len|der
der Kamm, die Käm|me
käm|men
die Kan|ne
der Kar|pfen
der Kä|se
die Kas|se
die Kas|ta|nie
die Kat|ze
kau|fen
kein, kei|nem, kei|nen
der Kel|ler
ken|nen, er kennt, er kannte
die Ker|ze
die Kie|fer
das Kind, die Kin|der
das Ki|no
die Kir|che
die Kir|sche
die Kis|te
klar
die Klas|se
das Kleid, die Klei|der
klein
klet|tern
klop|fen
ko|chen
der Kof|fer
kom|men, er kommt, er kam
der Kom|pass
der Kö|nig
kön|nen, er kann, er konn|te
der Kopf, die Köp|fe
der Korb, die Kör|be
der Kör|per
der Krach
die Kraft
kräf|tig
krank
krat|zen
das Kraut, die Kräu|ter
das Kreuz
die Kreu|zung
krie|chen, er kriecht, er kroch
der Krieg, die Krie|ge
die Kro|ne
der Ku|chen
die Kuh, die Kü|he
kühl
küh|len
kurz
der Kuss, die Küs|se

L

la|chen
lahm
der Laib
das La|ma
das Lamm, die Läm|mer
die Lam|pe
das Land, die Län|der
lang, länger
der Lärm
las|sen, er lässt, er ließ
das Laub
lau|fen, er läuft, er lief
laut
le|ben, er lebt
die Le|der|ho|se
le|gen, er legt
der Leh|rer
die Leh|rer|in
leicht
lei|se
die Lei|ter
ler|nen
le|sen, er liest, er las
letz|ter, letz|te
leuch|ten
die Leu|te
das Le|xi|kon, die Le|xi|ka
das Licht
lieb, lie|ber
lie|ben, er liebt
das Lied, die Lie|der
lie|gen, er liegt, er lag
links
die Lip|pe
lo|ben, er lobt
das Loch, die Lö|cher
der Löf|fel
der Lohn
der Lö|we
die Luft, die Lüf|te
die Lu|pe

M

ma|chen
das Mäd|chen

der Mag|net
der Mai
der Mais
ma|len
man
der Mann, die Män|ner
der Man|tel, die Män|tel
das Mär|chen
der März
die Ma|schi|ne
das Maß
die Maus, die Mäu|se
die Me|di|en
das Meer
mehr
mein, mei|nem, mei|nen
der Mensch
mer|ken
mes|sen, er misst, er maß
das Mes|ser
mich
die Mie|te
die Milch
die Mi|nu|te
mir
mit
der Mit|tag
die Mit|te
der Mitt|woch
mi|xen
der Mi|xer
der Mo|nat
der Mond, die Mon|de
der Mon|tag
das Moos
mor|gen
der Mo|tor
die Mö|we
die Mü|cke
der Müll
der Mund, die Mün|der
die Mu|schel
müs|sen, er muss, er muss|te
die Mut|ter, die Müt|ter

N

nach
die Nacht, die Näch|te
die Na|del
der Na|gel, die Nä|gel
nah
die Nä|he
nä|hen
die Nah|rung
die Naht
der Na|me
die Na|se
nass
die Näs|se
die Na|tur
na|tür|lich
der Ne|bel
ne|ben
neh|men, er nimmt, er nahm
nein
neu
neun
nicht
nichts
nie
nie|mals
nie|mand, nie|manden
die Ni|xe
der No|vem|ber
die Nu|del
die Num|mer
num|me|rie|ren
nun
nur
die Nuss, die Nüs|se
nüt|zen
nütz|lich

O

ob
oben
das Obst
oder
of|fen
oft
oh|ne
das Ohr
der Ok|to|ber
die Oma
der On|kel
der Opa
Os|tern

P

pa|cken
das Päck|chen
das Pa|ket
die Pan|ne
das Pa|pier
die Pap|pe
der Part|ner
der Pass, die Päs|se
pas|sen
die Pfan|ne
der Pfau
pfei|fen, er pfeift, er pfiff
der Pfeil
das Pferd, die Pfer|de
die Pflan|ze
pflan|zen
das Pflas|ter
pfle|gen, er pflegt
die Pfüt|ze

der Pilz
der Pin|sel
der Pi|rat
die Piz|za
der Platz, die Plät|ze
plötz|lich
die Pom|mes
das Po|ny
das Pro|gramm
der Pu|del
der Pu|ma
die Pup|pe

Qu

das Qua|drat
qua|ken
die Qual
quä|len
die Qual|le
der Qualm
qual|men
der Quark
der Quatsch
die Quel|le
quen|geln
quiet|schen

R

der Ra|be
das Rad, die Rä|der
das Ra|dio
ra|ten, er rät, er riet
das Rät|sel
die Rat|te
rau|ben, er raubt
der Raum, die Räu|me
die Rau|pe
rech|nen
rechts
das Re|cy|c|ling
re|den
der Re|gen
der Re|gen|bo|gen
das Reh, die Re|he
reich
rei|sen
rei|ßen, er reißt, er riss
rei|ten, er rei|tet, er ritt
ren|nen
rich|tig
rie|chen, er riecht, er roch
der Rie|se
der Ring, die Rin|ge
der Rit|ter
der Rock, die Rö|cke
rol|len
die Ro|se
rot, rö|ter
der Rü|cken
ru|fen, er ruft, er rief
die Ru|he
ru|hig
rüh|ren
rund, run|der

S

die Sa|che
der Saft, die Säf|te
die Sä|ge
sa|gen, er sagt
das Salz
sam|meln
die Samm|lung
der Sams|tag
der Sand
san|dig
der Satz, die Sät|ze
das Schaf
schaf|fen
der Schal
der Schall
schal|ten
der Schal|ter
scharf
die Schär|fe
der Schat|ten
der Schatz, die Schät|ze
schau|en
die Schau|fel
der Schaum, die Schäu|me
schei|nen, er scheint, er schien
schen|ken
die Sche|re
schie|ben, er schiebt, er schob
schief
die Schie|ne
schie|ßen, er schießt, er schoss
schimp|fen
der Schirm
schla|fen, er schläft, er schlief
schla|gen, er schlägt, er schlug
die Schlan|ge
schlau
der Schlauch, die Schläu|che
schlecht
schlie|ßen, er schließt, er schloss
schließ|lich
schlimm
schlüp|fen
der Schluss, die Schlüs|se
der Schlüs|sel
schme|cken
der Schmet|ter|ling
der Schmutz

schmut|zig
die Schn|ecke
der Schnee
schnei|den, er schnei|det, er schnitt
schnell
der Schnup|fen
schon
schön
der Schrank, die Schrän|ke
die Schran|ke
der Schreck
schreck|lich
schrei|ben, er schreibt, er schrieb
schrei|en, er schreit, er schrie
der Schuh, die Schu|he
die Schu|le
schüt|teln
der Schutz
schüt|zen
schwarz, schwär|zer
schwei|gen, er schweigt, er schwieg
schwer
die Schwes|ter
schwie|rig
die Schwie|rig|keit
schwim|men, er schwimmt, er schwamm
schwit|zen
sechs
der See
se|hen, er sieht, er sah
sehr
die Sei|fe
das Seil
sein, sei|nem, sei|nen
seit
die Sei|te
die Se|kun|de
der Sep|tem|ber
set|zen, er setz|te, er saß
sich
sie
sie|ben
sind
sin|gen, er singt, er sang
sit|zen, er sitzt, er saß
die Skiz|ze
skiz|zie|ren
so
das So|fa
so|fort
der Sohn, die Söh|ne
sol|len
der Som|mer
die Son|ne
der Sonn|tag
die So|ße
die Spa|get|ti
spa|ren
der Spaß, die Spä|ße
spät
der Spatz
spa|zie|ren
der Spa|zier|gang
der Specht
spei|sen
der Spie|gel
spie|geln
das Spiel
spie|len
der Spi|nat
die Spin|ne
die Spi|ra|le
spitz
die Spit|ze
der Sport
spre|chen, er spricht, er sprach
sprin|gen, er springt, er sprang
spu|cken, er spuckt
spu|ken, er spukt
spü|len
die Stadt, die Städ|te
der Stall, die Stäl|le
der Stamm, die Stäm|me
der Stän|gel, die Stan|ge
stark, stär|ker
stär|ken
star|ten
ste|hen, er steht, er stand
stei|gen, er steigt, er stieg
der Stein
stel|len
der Stern
das Steu|er
steu|ern
der Stie|fel
der Stiel
der Stift
still
stim|men
die Stirn
der Stoff
stol|pern
der Storch, die Stör|che
stö|ren
der Strand, die Strän|de
die Stra|ße
der Strauch, die Sträu|cher
stau|nen
der Strauß, die Sträu|ße
strei|chen

der Streit
streiten, er streitet, er stritt
stricken, er strickt
der Strom
strömen
der Strumpf, die Strümpfe
das Stück
der Stuhl, die Stühle
die Stunde
der Sturm, die Stürme
stürmisch
suchen
süß
die Süßigkeit

T

der Tag, die Tage
tanken
die Tanne
die Tante
die Tasche
die Tasse
tauchen
tausend, tausende
das Taxi
die Technik
der Teddy
der Tee
das Telefon
der Teller
die Temperatur
der Teufel
der Text
das Theater
das Thermometer
tief, tiefer
die Tiefe
das Tier, die Tiere
der Tiger
der Tisch
die Tochter, die Töchter
die Tomate
die Tonne
der Topf, die Töpfe
die Torte
tragen, er trägt, er trug
die Träne
der Traum, die Träume
träumen
traurig
treffen, er trifft, er traf
treu
trinken, er trinkt, er trank
trocken
der Tropfen
tun, er tut, er tat
die Tür
der Turm, die Türme
turnen
die Tüte

U

üben, er übt
über
überqueren
die Uhr
um
umkehren, er kehrt um, er kehrte um
und
ungefähr
uns, unserem, unserem
unten
unter
der Unterricht
der Urlaub

V

die Vase
der Vater, die Väter
verbieten, er verbietet, er verbot
verbrauchen
verbrennen, er verbrennt, er verbrannte
die Verbrennung
verbringen, er verbringt, er verbrachte
der Verein
vereinen
vergessen, er vergisst, er vergaß
der Verkäufer
der Verkehr
verletzen
die Verletzung
verlieren, er verliert, er verlor
verpacken
die Verpackung
verschmutzen
die Verschmutzung
verspäten
verstecken
versuchen
verwandt
viel
vielleicht
vier
vierunddreißig
vierundzwanzig
vierzehn
vierzig
der Vogel, die Vögel
voll

voll|stän|dig
vom
von
vor
die Vor|fahrt
die Vor|sicht
vor|sich|tig

W

wach|sen, er wächst, er wuchs
der Wa|gen, die Wä|gen
die Wahl
wäh|len
wahr
wäh|rend
der Wald, die Wäl|der
die Wand, die Wän|de
wan|dern
wann
die Wan|ne
warm, wär|mer
die Wär|me
war|ten
wa|rum
was
wa|schen, er wäscht, er wusch
das Was|ser
wech|seln
der We|cker
der Weg, die We|ge
Weih|nach|ten
weil
wei|nen
weiß
weit
wei|ter
wel|che, wel|chem, wel|chen
wem
wen
we|nig
wenn
wer
wer|den, er wird, er wurde
wer|fen, er wirft, er warf
das Wet|ter
wich|tig
wie
wie|der
die Wie|ge
wie|gen, er wiegt, er wog
die Wie|se
wild, wil|de
der Wind, die Win|de
der Win|ter
der Wip|fel
die Wip|pe
wir
wis|sen, er weiß, er wuss|te
der Witz
wo
die Wo|che
woh|nen
der Wolf, die Wöl|fe
die Wol|ke
wol|len, er will, er woll|te
das Wort, die Wör|ter
wün|schen
der Wür|fel
der Wurm, die Wür|mer
die Wurst
die Wur|zel

Z

die Zahl
zah|len
zäh|len
der Zahn, die Zäh|ne
die Zan|ge
der Zaun, die Zäu|ne
das Ze|bra
der Zeh, die Ze|hen
zehn
zeich|nen
zei|gen, er zeigt
der Zei|ger
die Zeit
die Zei|tung
das Zelt
das Zeug|nis
die Zie|ge
zie|hen, er zieht, er zog
das Ziel
zie|len, er zielt
das Zim|mer
der Zopf, die Zöp|fe
zu
der Zu|cker
die Zu|kunft
zu|künf|tig
zu|letzt
zum
die Zun|ge
zur
zu|rück
zu|sam|men
zwei
der Zwerg, die Zwer|ge
die Zwie|bel
zwölf

Textquellennachweis

S. 64: Astrid Lindgren: Pippi in Taka-Tuka-Land (Deutsch von Cäcilie Heining), Hamburg: Verlag Friedrich Oetinger GmbH 2008, Seite 59, 62, 66
S. 73: Ellis Kaut: Schlupp vom grünen Stern, München: Letz Verlag in der F.A. Herbig Verlagsbuchhandlung GmbH 1985, Seite 91
S. 76: Erhard Dietl: Gustav Gorky, Hamburg: Verlag Friedrich Oetinger GmbH 2012, Seite 30/31
S. 88: Vita Andersen: Petruschkas Lackschuhe (aus dem Dänischen von Christine Holliger), München: Lizenzausgabe der Süddeutschen Zeitung GmbH für die Süddeutsche Zeitung Junge Bibliothek © Nagel & Kimche im Carl Hanser Verlag München Wien 1992, Seite 7/8
S. 88: Eric Carle: Die kleine Raupe Nimmersatt (aus dem Englischen übertragen von Viktor Christen), München: Deutscher Taschenbuch Verlag GmbH & Co. KG 1981, © 1969 Eric Carle, Seite 3
S. 88: Michael Ende: Jim Knopf und Lukas der Lokomotivführer, Stuttgart, Wien, Bern: Thienemann 1990, Seite 3

Bildquellennachweis

14.1 Thinkstock (iStock/MDoubrava), München; **14.2** iStockphoto (Kaido Kärner), Calgary, Alberta; **18** Illmann, Birgit, Kaufbeuren; **25.1; 25.2** Idee und Illustration von Constanze Schargan, aus dem Buch: Constanze Schargan: „Ich sehe was, das glaubst du kaum", Parabel-Bilderbuch, München, 1995; **34.1; 34.2; 34.3** Schülerarbeit; **35** Schülerarbeit; **42.1** Picture-Alliance (dpa/Ole Spata), Frankfurt; **42.2** Corbis (Nancy Kaszerman), Berlin; **42.3** Action Press GmbH (REX/Ken McKay), Hamburg; **42.4** Reuters (Mark Wessels), Frankfurt; **42.5** shutterstock.com (Rahhal), New York, NY; **42.6** Getty Images (Quinn Rooney), München; **62.1** Katrin Engelking, aus: Pippi Langstrumpf © Verlag Friedrich Oetinger, Hamburg; **62.2** akg-images (Album/Ambient Entertainment GmbH/Falcom Medi), Berlin; **62.3** Anne und Philip von Cover: Mary Pope Osborne, Das magische Baumhaus Band 4 illustriert von Jutta Knipping © 2000 Loewe Verlag GmbH, Bindlach; **62.4** .., ..; **63.1** ddp images GmbH, Hamburg [Filmbild aus: Peter Pan: Neue Abenteuer im Nimmerland/Return to Never Land, Regie: Robin Budd Donovan Cook, USA, 2002]; **63.2** Illustration von Paul Maar, aus: Neue Punkte für das Sams © Friedrich Oetinger Verlag, Hamburg 1992; **63.3** Erhard Dietl, Die Olchis feiern Weihnachten © Verlag Friedrich Oetinger, Hamburg 1999 ISBN 978-3-7891-0564-7; **63.4** Illustration von F.J. Tripp aus: Otfried Preußler, "Das kleine Gespenst" © by Thienemann Verlag in der Thienemann-Esslinger Verlag GmbH, Stuttgart, www.thienemann.de; **64.1; 64.3** Katrin Engelking, aus: Pippi in Taka Tuka Land © Verlag Friedrich Oetinger, Hamburg; **64.2** Fotolia.com (electriceye), New York; **67.1** akg-images (Voller Ernst), Berlin; **76.1** Erhard Dietl, aus: Gustav Gorky © Verlag Friedrich Oetinger, Hamburg; **76.2** Erhard Dietl, Gustav Gorky, © Verlag Friedrich Oetinger, Hamburg 2012, ISBN 978-37891-3324-4; **79.1** shutterstock.com (Jacek Chabraszewski), New York, NY; **79.2** Fotolia.com (Murat Subatli), New York; **79.3** Imago (Pressefoto Kraufmann), Berlin; **83.1** Corbis (KidStock/Blend Images), Berlin; **83.2** Fotolia.com (Wilm Ihlenfeld), New York; **83.3** Fotolia.com (Michael Möller), New York; **83.4** Fotolia.com (zjk), New York; **83.5** Thinkstock (Ingram Publishing), München; **83.6** Thinkstock (Ingram Publishing), München; **88.1** Michael Ende: Jim Knopf und Lukas, der Lokomotivführer, Thienemann Verlag GmbH, Stuttgart, 2004; **88.2** © Gerstenberg Verlag, Hildesheim; **88.3** Vita Andersen: Petruschkas Lackschuhe. SZ Junge Bibliothek Band 21, Süddeutsche Zeitung/Bibliothek (2005); **93.1** Illustration von Paul Maar, aus: Neue Punkte für das Sams © Friedrich Oetinger Verlag, Hamburg 1992; **93.2** Erhard Dietl, Die Olchis feiern Weihnachten © Verlag Friedrich Oetinger, Hamburg 1999 ISBN 978-3-7891-0564-7; **100.1** Schargan, Constanze (Idee und Illustration von Constanze Schargan, aus dem Buch: Constanze Schargan: „Ich sehe was, das glaubst du kaum", Parabel-Bilderbuch, München, 1995), ..; **100.2; 100.3** Idee und Illustration von Constanze Schargan, aus dem Buch: Constanze Schargan: „Ich sehe was, das glaubst du kaum", Parabel-Bilderbuch, München, 1995; **101** Idee und Illustration von Constanze Schargan, aus dem Buch: Constanze Schargan: „Ich sehe was, das glaubst du kaum", Parabel-Bilderbuch, München, 1995; **109.1** Illmann, Birgit, Kaufbeuren; **110.1; 110.2** Schülerarbeit; **112** Schülerarbeit; **122.1; 122.2; 122.3** Klett-Archiv, Stuttgart

Sollte es in einem Einzelfall nicht gelungen sein, den korrekten Rechteinhaber ausfindig zu machen, so werden berechtigte Ansprüche selbstverständlich im Rahmen der üblichen Regelungen abgegolten.

1. Auflage 1 5 4 3 2 1 | 19 18 17 16 15

Alle Drucke dieser Auflage sind unverändert und können im Unterricht nebeneinander verwendet werden.
Die letzte Zahl bezeichnet das Jahr des Druckes.

Programmbereich Klett-Auer

Autorinnen und Autoren: Ruth Dolenc-Petz, Meitingen; Birgit Illmann, Kaufbeuren; Prof. Dr. Edeltraud Röbe, Augsburg;
Dr. Heinrich Röbe, Augsburg
unter Mitwirkung von: Martina Pfisterer, Sulzberg

Redaktion: Berrit Skopp
Herstellung: Antje Heusing, Bianca König

Layoutkonzeption: Gourdin & Müller, Leipzig
Illustrationen: Dorothea Ackroyd, Bielefeld; Martina Gollnick, Kamenz; Carmen Hochmann, Bielefeld ; Josef Hammen, Trierweiler; Steffen Jähde, Sundhagen
Satz: fotosatz griesheim GmbH, Griesheim
Reproduktion: Meyle + Müller, Medien-Management, Pforzheim
Druck: Passavia Druckservice GmbH & Co. KG

Printed in Germany
ISBN 978-3-12-006727-6

9 783120 067276

Wortartenbaum

Nomen

Nomen sagen, wie Lebewesen und Dinge heißen.

Beweise für Nomen:
- Hase ist ein Name für ...
- Zu jedem Nomen passen Artikel:
  der Hase – ein Hase
- Nomen können in der Einzahl und in der Mehrzahl stehen:
  ein Hase – viele Hasen

Endbausteine: ung, heit, keit

Nomen können zusammengesetzt sein: der Schneehase

Artikel

der, die, das
ein, eine

Adjektive

Adjektive sagen, wie Lebewesen und Dinge sind.

Beweise für Adjektive:
- Adjektive antworten auf die Frage:
  Wie ist etwas? – Wie ist die Luft? – kalt
- Adjektive passen zwischen Artikel und Nomen: die kalte Luft
- Zu vielen Adjektiven gibt es das Gegenteil: kalt – heiß

Endbausteine: ig, lich

Steigerungsformen:
- Grundform: kalt
- 1. Vergleichsstufe: kälter
- 2. Vergleichsstufe: am kältesten

Adjektive können zusammengesetzt sein: eiskalt